지혜의 세계로 떠나는 특별한 즐거움
철학사 여행 상

고사카 슈헤이 지음
방준필 옮김
변영우 그림

 **철학사 여행 상**
- 지혜의 세계로 떠나는 특별한 즐거움

초 판 발행일 | 2004년 7월 10일
개정판 발행일 | 2019년 12월 15일

저 자 | 고사카 슈헤이
역 자 | 방준필
그 림 | 변영우
펴낸이 | 김강욱
펴낸곳 | 간디서원
주 소 | (06996) 서울시 동작구 동작대로길 33길 56(사당동)
전 화 | 02) 3477-7008
팩 스 | 02) 3477-7066
등 록 | 제382-2010-000006호
E-mail | gandhib@naver.com
ISBN | 978-89-97533-29-9 04100
ISBN | 978-89-97533-28-2 04100(세트)

* 잘못된 책은 바꾸어 드립니다.

이 도서의 국립중앙도서관 출판예정도서목록(CIP)은 서지정보유통지원시스템 홈페이지(http://seoji.nl.go.kr)와 국가자료종합목록 구축시스템(http://kolis-net.nl.go.kr)에서 이용하실 수 있습니다. (CIP제어번호 : CIP2019047526)

지혜의 세계로 떠나는 특별한 즐거움

철학사 여행 상

고사카 슈헤이 지음
방준필 옮김
변영우 그림

간디서원

옮긴이의 말 탈레스에서 마르크스까지,
　　　　　　 철학사의 흐름을 한눈에 읽는다

지금까지 철학이라는 말의 주위를 맴돌다가, 어느 날 철학의 문으로 들어서는 사람들에게 철학사는 무척 차갑고 당혹스러운 내용뿐이었다. 그것은 기원전 6세기에서 시작하는 2,500여 년에 걸친 정신의 역사를 한 권의 책으로 엮어 내는 데서 오는 어려움이기도 하겠지만, 첨단 과학으로 무장한 현대인에게 좀처럼 이해하기 힘든 유치한 사실의 나열을 보면서 갖는 실망감 때문이기도 할 것이다. 사실 철학이 현대의 우리들에게 주는 그리고 우리가 그것에서 구하고자 하는 의미는, 미세하게 분화된 개별 학문이 주지 못하는 나와 세계에 대한 총체적이고도 종합적인 인식이다.

그러나 현대의 모든 학문은 불과 몇 세기 전까지만 해도, 인간과 세계에 대한 사고라는 의미에서의 철학 안에서 숨쉬고 있었던 것들이다. 그러므로 철학사는 어떤 면에서는 현대 학문의 역사라고도 할 수 있을 정도로, 생각할 수 있는 모든 것에 대한 사고의 역사이다. 따라서 철학의 문을 두드리는 사람들은 뜻하지 않은 이야기들을 들어야만 한다.

　물론 철학을 전문으로 하는 사람들에게는 이런 것들이 충분히 의미가 있을 것이다. 그러나 그 밖의 사람들에게는, 장황한 사실의 나열만으로는 별 의미가 없을 수밖에 없다.
　그런 점에서 이 책은 좋은 해결책이 될 수 있을 것이다. 이 책은 2,500여 년에 걸친 인간 정신의 역사에서 비롯되는 잡다한 사실의 나열을 거부하고, 신비주의와 합리주의라는 얼핏 보기에 대립되어 보이는 2개의 축을 중심으로 철학사를 서술해 간다. 그 안에서 초보적인 인간 정신의 산물들이 그 나름대로의 역사성과 의미를 지니고 생동하고 있다. 즉, 이 책은 철학이라는 학문의 역사적 사실을 단순히 기술하기 보다는, 현재 우리가 딛고 있는 세계의 사상적 기반을 나타내기 위해 철학사의 잡다한 이야기를 빼고 큰 줄기만을 알기 쉽게 설명하고 있다.
　저자는 탈레스에서 시작하는 철학사 여행을 헤겔을 정점으로 하여 마르크스와 키에르케고르에서 끝맺고 있다. 그것은, 저자가 헤겔이 '철학이 철학인 것'으로서의 막을 내린 사람이며, 그 이후의 철학사는 헤겔의 변주

곡인 것으로 이해하고 있기 때문이다.

   철학의 언저리를 조심스럽게 탐색하는 사람들에게, 그리고 철학사의 숲 속에서 나무만을 붙잡고 방황하는 철학의 초보자들에게, 이 책은 넉넉한 마음으로 철학의 숲을 조망할 수 있도록 하는 데 부족함이 없으리라 믿는다.

   이 책의 원 제목은 『일러스트 서양 철학사』이다. 원서에는 히사우찌 미찌오 씨가 그린 삽화가 들어 있지만, 이 책에는 친구인 변영우가 새로 그림을 그려 넣었다. 독자들은 어쩌면 내용보다 그림에 더 흥미를 느낄지도 모르겠다.

   변영우와 책이 나오는 데 여러 가지로 도움을 준 선배, 후배들, 그리고 어지럽게 쓴 원고를 훌륭한 책으로 만들어 주신 출판사 측에 감사드린다.

방 준 필

content

- 옮긴이의 말 :
  탈레스에서 마르크스까지, 철학사의 흐름을 한눈에 읽는다 __ 4
- 가장 짧은 철학사 __ 10
- 철학사상의 흐름 __ 12

1부 이오니아 자연학과 피타고라스
들어가는 말 __ 16

1. 밀레토스학파의 합리주의 __ 21
   신화와 철학의 차이 __ 21 / 아르케의 2가지 자격 __ 27
   아르케는 변화를 통해서 변화하지 않는다 __ 32
2. 피타고라스 학파의 '수'의 신비주의 __ 39
   피타고라스 교단 __ 41
3. 파르메니데스의 물음 __ 59
   만물은 유전한다 – 헤라클레이토스 __ 59 / 파르메니데스의 완전한 존재란? __ 64
   원소와 원자(atom) __ 68

2부 플라톤의 이원론
들어가는 말 __ 78

1. 이데아란 무엇인가 __ 81
2. 소크라테스와 소피스트 __ 95
3. 플라톤의 이데아론 __ 107
   이데아 세계에의 동경 __ 107 / 동굴의 세계 __ 111
   가장 오래된 유토피아 이론 __ 114 / 아카데미아 창설과 시실리 도항 __ 121

3부 아리스토텔레스의 체계
들어가는 말 __ 128

1. 형상과 질료 __ 133
2. 실체를 어떻게 설명할까 __ 139
   세계의 4가지 원인 __ 139
   10개의 범주로 분석하다 __ 145
   모든 것은 형상으로 설명된다 __ 149
   가능태·현실태와 부동의 동자 __ 153
3. 아리스토텔레스의 생명관과 사회관 __ 161
   영혼은 생물의 목적(형상)이다 __ 161
   인간은 폴리스적 동물이다 __ 175

4부 신학이라는 간주곡
들어가는 말 __ 184

1. 에피쿠로스와 스토아학파 __ 187
   그노시스주의와 신플라톤주의 __ 194 / 아우구스티누스와 종말론 __ 199
   토마스 아퀴나스와 스콜라 철학 __ 205

5부 데카르트와 명석한 정신
들어가는 말 __ 212

1. 근대의 개막과 갈릴레오 __ 215
2. 자연을 단순화한 '연장' __ 229
3. 명석하고 판명한 정신이란 무엇인가? __ 237
   나는 생각한다. 그러므로 나는 존재한다 __ 237
   정신으로서의 인간 __ 242
   자연의 빛 __ 247 / 감각과 신체 __ 254
4. 기계장치인 신체와 마음 __ 261
   동물 정기와 송과선 __ 261 / 6가지 정념 __ 271

가장 짧은 철학사

고대

유럽 철학은 이오니아 자연학과 피타고라스의 신비주의라는 두 가지 원류를 갖고 있다. 이오니아 자연학과 피타고라스의 영향을 받아 파르메니데스는 '존재란 무엇인가'라는 물음을 제기했다. 플라톤은 파르메니데스의 물음에 대해 참으로 있는(존재하는) 것은 이데아라고 말했다. 플라톤에 의해 철학의 기초가 세워졌다. 아리스토텔레스가 이 두 가지 흐름을 종합하여 철학의 체계를 만들었다. 이후의 철학사는 플라톤주의와 아리스토텔레스주의라는 두 개의 축에 의해 형성되고 있다. 전자는 절대적인 것을 추구하여 이 현실 세계 밖에서 원리를 구하는 태도이며, 후자는 이 세계를 해석하고 종합하려는 태도이다.

중세

고대 말기에는 오리엔트로부터 그노시스주의가 들어와 다시 신비주의의 시대가 되었다. 중세의 기독교 신학 속에서 플라톤주의적인 흐름을 대표하는 사람은 아우구스티누스이며, 아리스토텔레스처럼 모든 것을 설명하려한 사람은 토마스 아퀴나스였다.

근대

데카르트는 근대의 기본적인 사물의 관찰 방법(정신과 자연)을 제시했다. 대륙 합리론의 계보는 이성에 의해 이 세계의 진리를 알 수 있다고 생각했다. 그것에 대해 영국 경험론은, 인간은 경험에 의해 알 수 있는 것밖에 알 수 없는 것이 아닐까라는 물음을 제기했다. 칸트는 이 물음을 근거로 인간의 이성을 비판하여, 우리는 '물자체'를 알 수 없다고 생각했다.

헤겔은 세계에 절대 정신이 있으며, 세계사는 절대 정신의 자기 형성사라고 생각함으로써 그때까지의 모든 철학을 종합하여 최대의 체계를 세웠다.

헤겔의 체계가 철학사 최후의 체계이며,
이후 마르크스가 체계를 세웠지만 그것은 엄밀히
말하면 철학이라는 틀을 빠져나온 것이고
실존주의는 체계 자체에 불신을 안은 철학이다.
그리고 거기서부터 여러 가지 현대 철학이
갈라지게 된다.
(현대 철학에는 영국 경험론이
또 하나의 원류가 되고 있다.)

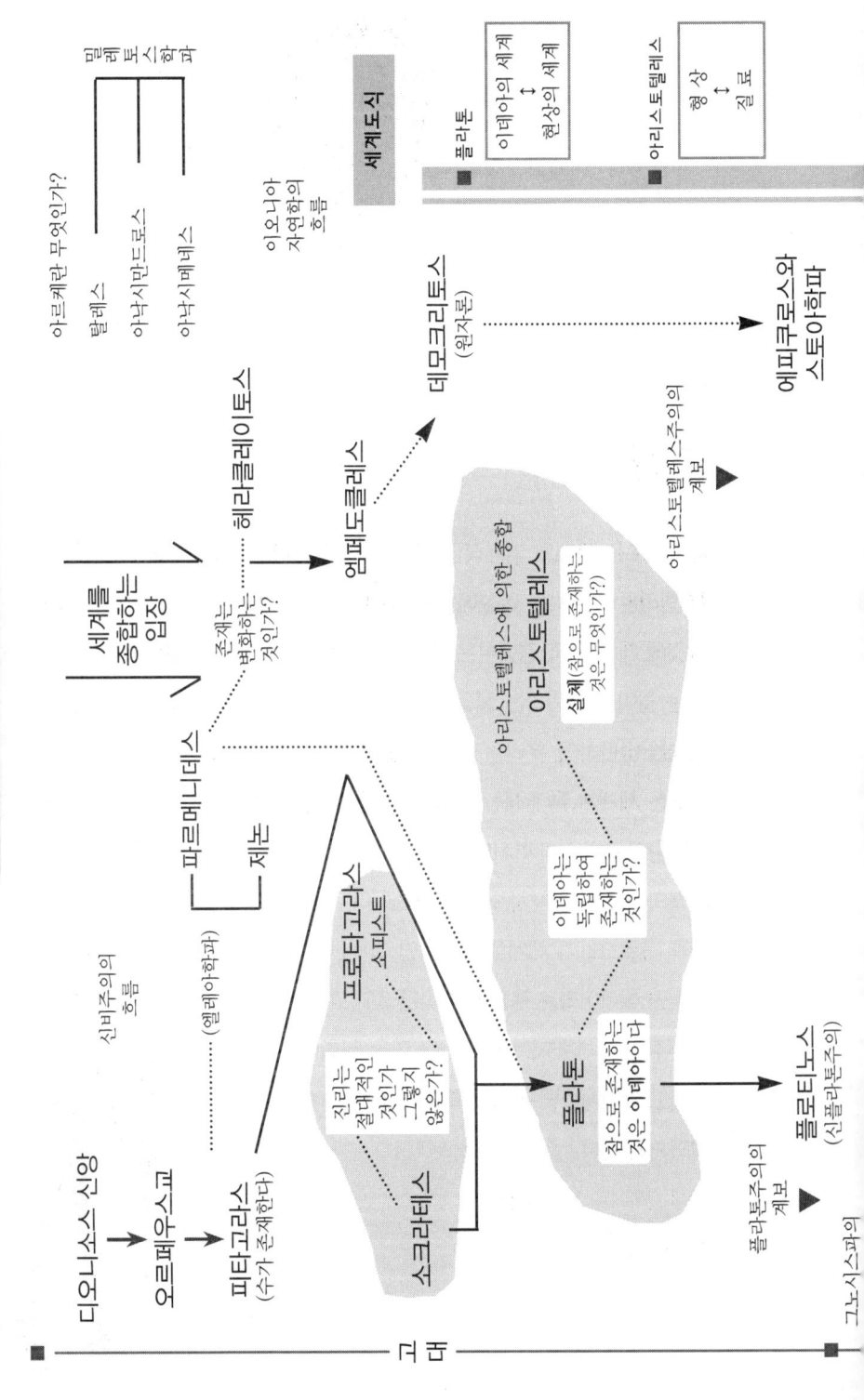

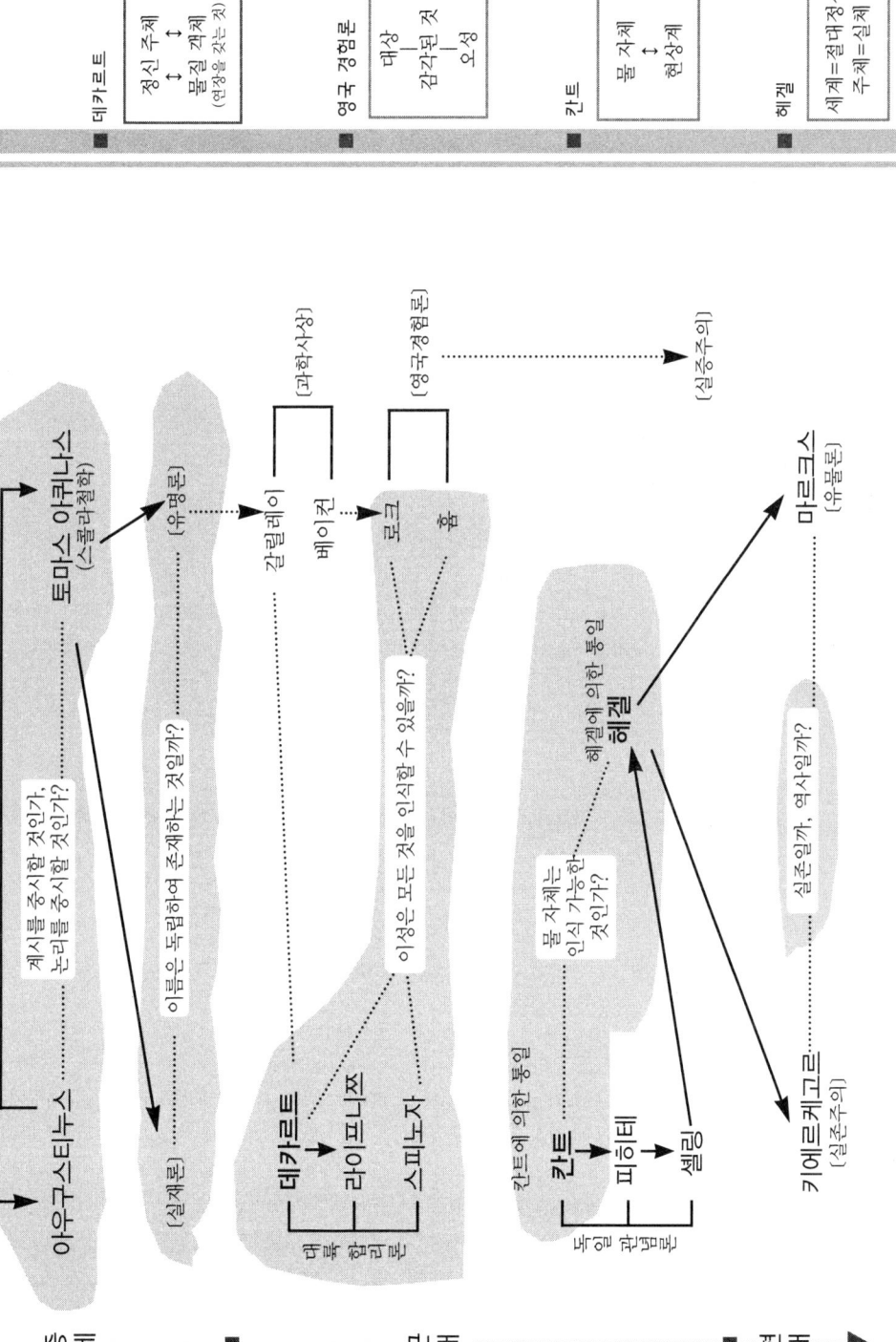

1. 이오니아 자연학과 피타고라스

유럽의 철학사는 눈에 보이는 것으로 세계를 설명한
이오니아 자연학의 합리주의와,
영원한 것을 동경한 피타고라스학파의
신비주의라는 두 가지 원천에서 시작한다.

들어가는 말

"신화의 암흑 속에서 햇빛과 같이
로고스를 지니고 철학은 탄생했다"

우리가 이제부터 더듬어 갈 유럽 철학사 여행은 기원전 6세기 그리스에서 시작한다. 기원전 6세기는 이상하게도 세계의 각지에서 오늘날까지 계속되는 세계적인 사상의 스타일이 탄생한 시대였다.

중국에서는 공자가 오늘날 유학으로 전해지는 사상을 전했고, 인도에서는 붓다가 불교를 창시했다. 같은 시기 지중해에서 밀려나온 작은 반도인 그리스와 그 식민 도시였던 터키 연안(소아시아) 그리고 이탈리아반도 남부에서 우리가 보통 철학이라 부르는 사상의 스타일이 탄생했다. 그리스 철학이 바로 그것이다.

물론 철학 전체를 보려 하면 인도나 중국 철학도 뺄 수 없지만, 우리는 근대라는 우리가 살고 있는 시대를 만드는 데 크게 기여한 유럽 철학의 역사만을 더듬어 가고자 한다.

그러면 철학이란 무엇일까? 초창기 철학의 특징은 합리적인 사고 방법이라고 하는 것이었다. 합리적이라는 말도 여러 가지 의미가 있는데, 그것들은 자기의 사상이 합리적임을 로고스logos라는 말로 표현하고 있었다.

이 로고스는 철학의 주요 용어의 하나로, 그리스 철학의 영향을 받아 성립한 요한 복음서의 첫머리에는 '태초에 로고스가 있었다. 로고스는 하나님과 함께 있으니 로고스는 하나님이었다'라는 상징적인 말이 적혀 있다(또 로고스는 '언어', '행동', '빛' 등 여러 가지로 번역되고 있다. 즉 로고스란 언어뿐만 아니라 언어 속에 있는 진리, 그 진리를 나타내는 빛, 또는 언어를 통해 우리들에게 속삭이는 신비적인 힘 등을 의미했다. 로고스의 어원은 모은다는 뜻이며, 많은 것을 모은 것을 카탈로그라고 한다. 거기서 로고스의 보통 의미로서 '가르친다', '말한다', '설명한다' 등의 의미가 생겼으며, 더 나아가 '비례', '척도', '논리' 등의 의미도 생기게 되었다).

이렇듯 로고스는 한편으로는 신비스러운 말이지만, 한편으로는 우리들 인간이 사물을 모으고, 가르치고, 설명하는 가운데 비례의 관계나 논리로 발견해 가는 것을 상징하듯이, 우리들 인간의 사고력도 의미하고 있다. 철학이란 로고스를 분명히 하는 것인데, 로고스라는 말은 우리들의 사고 가운데서 우리들 개개인을 초월한 어느 분명한 힘이 움직이는 것을 상징하고 있다.

로고스라는 것은 먼저 명료한 것이다. 신화가 우리를 무의식으로 움직이게 하는 어두운 힘과 비논리적인 이야기의 줄거리를 갖고 있다고 한다면, 철학은 신화의 암흑 가운데서 지중해의 밝은 햇빛과 같이 명확한 로고스라는 모습으로 탄생했다. 그리스 문명은 지중해와 에게해의 밝음, 그리고 비너스상의 아름다움으로 상징되는데, 철학 또한 이 인간이라는 것과 세계라는 것을 명료하게 파악하려던 시도였다고 할 수 있다.

그러면 철학은 인간이 갖고 있는 수많은 사고방식 가운데 어떤 것을 말할까? 철학은 먼저 이 세계의 근원(아르케=원래의 것)을 묻는 데서 시작했다. 즉, 이 세계가 어떻게 하여 생겼으며 어떻게 하여 성립되게 되었는지를 신화가 아니라 언어로써 분명하게 하려 했다. 여기서 아르케arkhe는 '최초'라는 의미로, 그러나 처음에 있는 것은 그 후에 생기는 것의 원인이기도 하다.

그러므로 아르케는 원인·원리이기도 하며 또 근거이기도 하다. 그런데 아르케는 현세적인 의미도 있었으며, 목수의 우두머리(건축기사)도 건축 현장의 아르케(우두머리)였다. 이 용법은 지금까지도 건축술architecture에 남아 있다. 철학은 아르케의 결여를 싫어해 왔다. 아르케가 없는 상태를 아나키anarchy라 하며, 군주제monarchy(mono+arkhe)는 아르케가 하나라는 뜻이다.

철학사의 시작을 장식하는 세 사람의 현인, 즉 세 철학자는 이오니아의 식민 도시 밀레토스Miletos에서 등장한다. 그들은 탈레스와 그의 제자 아낙시만드로스, 아낙시메네스이다. 그들은 모두 당시의 그리스와 오리엔트를 연결하는 소아시아(당시는 이오니아 지방이라 불렸다.)의 그리스 식민 도시인 밀레토스 사람이었으므로, 밀레토스

학파라고도 불린다.

 당시의 이오니아 지방은 오리엔트와 그리스라는 두 가지 문화를 결합한 무역과 교통의 요지였다. 밀레토스는 그곳의 대표적인 도시로, 상업도시이기도 했다. 이러한 두 가지 문학의 교류와, 거기서 생기는 현실적인 정신이 최초의 '철학'의 배경이었다.

1. 밀레토스학파의 합리주의

신화와 철학의 차이

최초의 철학자라는 전설의 주인공은 탈레스Thales(BC 624?~BC 546?)이다.

'철학의 시조'라고도 불려지는 탈레스는 일식을 예언했으며 현실 정치에도 관여했다. 철학자가 보통 사람보다도 앞을 내다보는 능력이 있음을 입증하고자, 날씨를 예측하여 올리브유를 짤 기계에 투자해서 많은 돈을 버는 등 일화를 남긴 인물로, 그리스의 일곱 현인 중 첫 번째로 꼽히고 있다.

아마 탈레스는 세계에 대한 호기심이 강하고 현명한 사람이었을 것이다. 그런데 후세 사람들에게 탈레스는 '철학자는 많은 지식으로 무엇이든 할 수 있지만, 진리 외에는 관심을 기울이지 않는다'는 전설을 남겼다.

 탈레스는 오늘날의 의미로는 철학자라기보다는 현인에 가까운 인물이다. 그러나 우리의 철학사 여행을 탈레스가 '만물은 물이다'라고 했을 때부터 시작하자.

 이렇게 말하는 것 속에 이미 철학적인 사고의 기원이 있다. 우리의 눈에 비치는 것은 물만이 아니다. 불이나 흙 등 이 세계(코스모스[1], 삼라만상)는 다양한 것이다. 그런데 탈레스는 '만물은 물이다'라고 하였다. 탈레스는 이 세계의 여러 현상을 만들어 낸 근원이자 근거가 되는 것이 물이라고 생각했던 것이다. 곧 우리 눈에는 여러 모습으로 보이는 이 세계가 모두 물이 변한 모습이라고 탈레스는 생각했던 것이다.

 이렇게 '만물'의 근원이자 근본이며 본래의 것을 그리스어로 '아르케'라고 한다. 탈레스의 제자 아낙시만드로스 Anaximandros(BC 610?~BC 546?)는 이 세계의 아르케를 '제약을 안 받는 것(무한한 것)'이라고 했으며, 그의 제자 아낙시메네스 Anaximenes(BC 585?~BC 528)는 '공기'라고 했다. 이렇게 철학의 역사는 시작된다.

 그런데 바로 철학사의 전개로 들어가기 전에, 철학이라는 사고방식이 어떻게 시작되었는지 생각해 보자.

 그것은 세계의 근원 곧 아르케를 묻는 사상이 비단 철학뿐만 아니라 종교에도 있기 때문이다. 우리가 이 세계는 결코 변덕이나 우연으로 만

---

1. 코스모스 cosmos
칼 세이건 박사의 TV 프로그램 〈코스모스〉에서 유명해진 말이지만, 원래는 우주가 아니라 '질서'를 의미했다. 질서가 갖추어진 것이라는 의미로, 우주를 포함한 세계에 코스모스라는 이름이 주어진 것이었다. 그러므로 우주 또는 세계를 코스모스라고 부를 때는 아름다움에 대한 그리스인의 동경이 들어가 있다.

▲ 아낙시만드로스

들어진 것이 아니라 어떤 원인에 의해 통일적으로 완성되어 있다고 생각할 때, 종교도 또한 탄생한다. 그리고 이 세계를 만들어낸, 인간이 측정할 수 없는 그 무엇을 종교에서는 신이라고 불러왔다. 그러므로 종교도 세계의 아르케를 설명하려는 사상이다. 그 중에서도 신화는 초기 그리스 철학의 사고 방법과 비슷한 면을 갖고 있다.

처음에 물과 진흙이 있었다…… 이 2가지에 이어 제3의 아르케가 이 2가지의 것, 즉 물과 흙에서 생겼는데, 이것은 용으로, 양쪽에 광채나는 수소와 사자 머리를, 그 한가운데에 신의 얼굴을 갖고 있으며 또 어깨에는 날개를 갖고 있었다. 이 용은 또 불로의 크로노스 Kronos[2]로, 헤라클레스라고도 불렸다(『초기 그리스 철학자 단편집』).

이것은 나중에 말할 피타고라스 학파(39쪽 참조)의 사상에 큰 영향을 끼친 오르페우스교 신들의 역사의 일부이다. 많은 종교는 신화라는 형태로 그들의 신의 역사를 갖고 있다. 그러나 신화는 철학과 무관하지 않다. 예를 들면, 위에 인용한 오르페우스교의 신들의 역사도 2가지의 아르케에서 제3의 아르케가 생겨 세계가 이루어졌다고 설명하고 있다. 또, 그리스 신화에서 크로노스는 시간의 신이다.

신화를 세계에 대한 일종의 해석으로 보면 물과 진흙이라는 2가지 기

---

2. 크로노스 Kronos
그리스 신화는 세계의 창조를 묘사하는데, 먼저 카오스(혼돈)가 있고 카오스에서 하늘과 땅이 생겼다고 했다. 하늘과 땅의 아들이 거인족(티탄 신족)인데, 크로노스도 그 중의 한 사람으로 제우스의 아버지이다. 크로노스는 제우스가 하늘에 있는 신들의 왕좌에 오를 때까지 올림포스를 지배하였다. 시간의 신인 크로노스는 시작이 있는 모든 것이 결말을 맺게 하기 위해, 자신의 아이를 먹었다고 한다.

▲ 우라노스를 거세하는 크로노스

원에서 시간이 생겨 이 세계의 삼라만상을 완성시켰다는 세계론으로 읽을 수가 있다. 그런데 신화에서는 시간이라는 추상적인 개념이 아니라, 반은 신이고 반은 짐승이라는 구체적인 이미지를 가진 상징(크로노스와 헤라클레스라는 이름을 가진 용)으로 표현된다.

그에 비해 철학은 우회적인 상징을 쓰지 않고 직설적인 언어로 표현한다. 이것이 신화와 철학의 차이다. 철학은 언어라는 복잡한 존재 속에 그 뿌리를 두고 있다.

신화와 철학의 차이에 대해 좀더 고찰해 보자. 신화가 말하는 방법은 일종의 비유이다. 그러나 신화의 비유는 단지 상황을 알기 쉽게 하기 위한 것만은 아니다. 오히려 신화에는 이미지가 살아 있으며 여러 가지로 겹쳐 있다. 이것은 신화가 개인에게 속하는 것이 아니라, 집단의 것이라는 것과 무관하지 않다.[3] 반면에 철학은 개인이 말로 전하는 것이지만

---

3. 신화는 공동체에 속하는 것으로, 구어로 전달된다. 다시 말하면, 신화는 집단의 상

그때 철학이 의지하는 것은 언어의 힘이다. 신화는 풍부한 것이지만 동시에 모호한 것이기도 하다. 철학은 언어의 힘을 빌어 신화에 포함되어 있는 모호함을 없애 간다. 이것이 철학의 명석함의 비결이다. 다시 말해 철학이란 합리화된 신화인 것이다.

그러나 최초의 철학은 신화와 전혀 다른 어떤 것이 아니었다. 앞에서 인용했던 오르페우스교의 신들의 역사는 세계의 아르케를 물과 진흙이라는 혼돈스러운 모습으로 말하고 있는데, 많은 신화에서 세계의 최초의 모습(아르케)은 혼돈(카오스khaos[4])이며, 이 혼돈에서 형태를 갖춘 것이 생겨난다는 것이 신화의 패턴 가운데 하나이다. 우리 철학자들에게도 탈레스의 제자 아낙시만드로스가 세계의 아르케라고 주장한 '무한한 것(제약을 안받는 것)'은 혼돈의 이미지에 가깝다.

그리고 이 혼돈에 의해 세계의 처음을 생각하는 사상은, 우주의 최초가 불덩어리의 대폭발(빅뱅Big Bang[5])이라고 생각하는 현대 우주론의 이

상력 가운데 살아 있다고 할 수 있다. 이에 비해, 철학이란 개인의 사고이자 그것도 문어로 전달되는 것이다(초기의 철학이 반드시 그런 것은 아니지만). 여기에 신화와 철학의 가장 큰 차이가 있다.

4. 카오스 khaos
그리스 신화에서는 처음에 카오스가 있었다. 카오스는 형태가 있는 모든 것이 아직 생기기 이전의 상태를 가리킨다. 원래 의미는 '하품을 하다'인데, 동사가 명사화된 듯하다. 카오스란 입을 열고 있는 깜깜하고 속이 텅 빈 공간의 의미라고 한다. 중국에서 혼돈의 신이라면, 눈도 코도 입도 없는 귀신이다. 어느 신이 혼돈의 신으로부터 대접을 잘 받아, 보답으로 눈과 코를 뚫어 주려고 혼돈의 신의 몸에 9개의 구멍을 뚫었을 때, 혼돈의 신이 죽었다고 한다. 이 이야기도 세계를 합리화해 갈 때 혼돈은 없어진다는 것을 상징하고 있다.

5. 빅뱅 Big Bang
오늘날 우주론에서는, 우주가 최초에 태양의 30배 정도의 불덩어리(최근에는 주머니에 들어갈 정도라고 하는 사람도 있다)였다가, 대폭발을 일으켜 현재의 150억 광년이

론과 통하는 것이기도 하다. 우리가 생각하는 것 이상으로 신화와 철학, 그리고 철학과 과학은 가까운 사이다.

아르케의 2가지 자격

밀레토스 사람인 탈레스는 '만물의 근원은 물이다'라고 주장했다. 세계가 물로 이루어져 있다는 생각은 당시 고대 오리엔트의 신화에서는 흔한 것이었다. 고대 메소포타미아 신화에서 신과 그밖의 모든 것을 낳는 어머니인 티아마트Tiamat 여신은 물(짠물)의 여신이었으며, 이집트 사람들은 이 세계가 원초의 바다인 '눈Nun' 위에 떠 있다고 생각했다. 그러므로 당시의 오리엔트에서 '만물은 물이다'라는 것은 오히려 상식에 속하는 것이었다고 할 수 있다.

▲ 탈레스

탈레스는 전설적인 인물로, 그의 저작이 직접 남아 있지는 않다. 그러

라는 크기로 퍼졌다고 한다. 이 우주 팽창설은 우주 공간에 걸친 흑체복사黑體輻射, black body radiation의 발견(절대온도 약 3K[-270°C] 정도의 대폭발의 여열)으로 입증될 수 있다고 한다. 그러나 그것의 옳고 그름은 별개로 하고, 이 원초의 불덩어리 우주는 물리학의 방정식에 의해 구해진 아르케이며, 원리로서 순수한 것을 생각하지 않을 수 없다는 그리스 철학 이래의 사고 방법의 산물이다.

나 아리스토텔레스Aristoteles(BC 384~BC 322)[6]는 탈레스가 '만물이 물이다'라고 주장한 이유를 아래와 같이 설명하고 있다. 곧 "그가 이 견해를 갖게 된 것은 아마도 모든 것의 양분에 물기가 있을 뿐만 아니라, 열조차도 물에서 생기고 물에 의해 유지되는 것을 보았기 때문일 것이다. 그런데 모든 것이 그것으로부터 생성되는 것, 그 자체가 모든 것의 아르케라고 하는 것이다. 확실히 이러한 이유로 이 견해를 갖게 되었다. 더욱이 모든 씨앗은 물기가 있는 것이 자연스러운 상태이며, 물이야말로 물기가 있는 것에게는 자연의 원리라고 하는 이유 때문이기도 할 것이다(『형이상학』)"라고 추측하고 있다.

신화는 세계의 기원을 신의 이야기라는 일종의 이미지로 우리에게 전한다. 그러나 철학은 이 기원이며 원리이기도 한 것을 언어로 설명해야 한다. 그러면 어떤 문제가 생길까? 예를 들어 세계의 아르케를 물이라고 하면 철학은 왜, 그리고 어떻게 물에서 이 세계의 여러 가지 모습이 완성되었는지를 설명해야 한다는 요구를 받는다. 왜 물은 물일까? 우리의 눈에 비치는 것은 물만이 아니라, 여러 현상과 모습이다.

즉 세계의 아르케를 '어느 것'으로 말한 순간에 이 '어느 것(탈레스의 경우는 물)'에서 우리 눈에는 다른 것으로 보이는 것(불이나 흙)이 어떻게 생기는지를 철학은 설명해야 한다. 이 설명의 반복이 철학을 복잡한 것으로 만들어 온 것이다. 예를 들면 탈레스가 물에서 불이 생긴다고 생각했을 때, 카바이트에 물을 부으면 생기는 열을 연상했는지 아니면 발효할

---

6. 아리스토텔레스 Aristoteles(BC 384~BC 322)
고대 철학의 완성자. 제3장 참조. 밀레토스 철학자뿐만 아니라, 소크라테스 이전 철학자들의 저작은 단편이나 전문 형태로만 남아 있는데, 우리들이 보는 소크라테스 이전 시기의 철학자 상에는 아리스토텔레스의 프리즘을 통한 것이 많다.

▲ 아리스토텔레스

때 생기는 열을 연상했는지는 알 수 없다. 그러나 물과 반대되는 성질을 갖고 있다고 생각되는 불이 물에서 생긴다는 현상의 관찰은 탈레스가 물을 세계의 아르케로 생각하게 하는 데 충분했을 것이다. 게다가 씨앗으로부터는 여러 형상이 생겨난다. 또한 씨앗이 자라는 데에는 반드시 물이 필요하다는 관찰도 중요한 역할을 했을 것이다.

'만물은 물이다'라고 한 순간, 물은 2가지 의미, 즉 눈에 보이는 물과, 불이나 흙같은 여러 가지의 배후에서 그것들을 만들어 내고 있는 물이라는 2가지 의미를 갖게 된다. 이것이 아르케라는 것을 생각했을 때부터 이 아르케에 요구되는 '자격'[7]이며, 또 철학을 괴롭혀 온 어려운 문제였다. 그러므로 철학자는 아르케를 다른 것에서 구해 왔다.

아리스토텔레스의 말을 믿으면 최초의 철학이 어떤 방법으로 아르케를 구했는지도 분명해진다. 탈레스는 눈에 보이는 물이 여러 가지로 변하여 열이나 식물의 형상을 만들어 가는 것에서 이 세계의 원리를 물이라고 생각한 것이다. 즉 눈에 보이는 것에서 눈에 보이지 않는 것(아르케)을 상상한 것이다. 이 방법은 일종의 유추[8]이다.

---

7. 아르케의 자격
우리가 이 세계의 아르케를 생각할 때, 먼저 아르케는 '처음'에 있는 것이다. 그리고 이 아르케에서 세계의 만물이 생긴다. 그러나 그때 아르케는 다른 것으로 바뀌어 버린 것일까? 만일 다른 것으로 바뀌어 버린다면, 아르케라고 부를 수 없을 것이다. 그러므로 아르케의 제2의 자격은 변화를 통해 변하지 않는 것이다.

8. 유추
정확히는 아나로고스analogos, 로고스를 하나로 하고 있는 것. 즉 다른 것 가운데 같은 로고스를 발견하는 것.

아르케는 변화를 통해서 변화하지 않는다

아낙시만드로스Anaximandros는 탈레스의 제자로, 후계자로 여겨지고 있다. 아낙시만드로스는 대지가 우주에 떠 있다고 최초로 주장한 사람이었다. 그러나 그가 생각한 지구 이미지는 돌기둥 같은 것이었다.

또한 그는 인간을 기르는 데는 오랜 시간이 걸린다는 이유로, 인간은 물고기 가운데서 태어나 처음에는 다른 동물에 의해 길러지다가, 스스로 살아갈 수 있게 된 후에 비로소 대지에 발을 붙였다는 진화론의 원형을 주장했다.

탈레스의 제자 아낙시만드로스는 아르케를 물이라는 눈에 보이는 어떤 것이 아니라, 그 이전의 '무한한 것'이라고 말했다.

아낙시만드로스가 '무한한 것(아페이론apeiron)'[9]을 세계의 아르케라고 생각한 것은, 어느 특정한 것을 아르케라고 하면 앞서 말했듯이 여러 가지로 곤란한 상황이 많아지기 때문이다. 불과 물은 아무리 보아도 반대의 성질로 보인다. 하지만 '무한한 것'이라면 그런 염려는 없다. 즉 '무한

---

9. 무한한 것(아페이론 apeiron)
"존재하는 것은 무한한 것이다. 존재하는 것은 그렇기 때문에 생성한 바 바로 그것에, 필연의 법칙에 따라 또한 소멸해 가지 않으면 안 된다. 왜냐하면 그것들은 그 부정不正에 대해 시간의 질서에 따라서 서로 상벌을 받아야 하기 때문이다"(아낙시만드로스).
아낙시만드로스가 '무한한 것'으로서 말한 것은 또한 아무것도 아닌 듯한 어느 원질, 즉 어떤 한정도 받고 있지 않는(무한정), 아무런 제약도 받지 않는(무제약) 것으로, 생겼다 없어졌다 하지 않는 것이었다. 만물은 이 무한한 것으로부터 필연의 법칙에 따라 생성되고 또 그것으로 돌아간다. 그러나 아낙시만드로스는 '무한한 것'을 추상적인 개념이 아니라, 실제로 모든 세계에 퍼져, 모든 세계를 싸고 있는 것과 같은 것으로 연상한 듯하다.

한 것'이란 아무것도 아닌(어느 특정의 물이나 불이 아닌) 일반적인 원리인 것이다.

그러나 아낙시만드로스가 실제로 '무한한 것'이라는 말에서 연상했던 것은 많은 신화에 등장하는 혼돈(모습이 정해지지 않은 것)이었다고도 한다. 만일 그렇다면 아낙시만드로스도 모양이 없는 것(무한한 것)에서 형태가 생긴다고 하는 신화의 패턴을 답습하고 있는 것이다.

아낙시만드로스를 계승한 그의 제자 아낙시메네스는 밀레토스 철학의 완성자로, 쉬운 산문으로 책을 썼다고 하나 거의 남아 있지 않다. 이 아낙시메네스는 아르케를 다시 공기라는 자연의 물질에서 구했다.

물론, 당시에 물질이라는 말이 있을 리는 없다. 근대 사람들이 자연을 보는 방법과, 고대 그리스의 철학자들이 자연(physis에도 여러 이미지가 있다. 앞의 아낙시만드로스의 설명에서 원질로 번역한 것도 physis이다. physis는 자연이고, 생성하는 것이며, 본성(성질)이기도 하다. 소크라테스 이전 철학자들이 대상으로 한 자연이란 이들 전부를 포함한 physis였다)을 보는 방법은 다르다. '무한한 것'이 후세 철학사의 전개에서 큰 역할을 하는 것에 대해, 아낙시메네스의

▲ 아낙시메네스

'공기'는 세계의 아르케를 어느 특정한 것에서 구했다는 점에서 일보 후퇴하고 있는 것 같다.

그러나 '공기'를 물과 비교해 보면 공기가 세계의 원인으로 더 적절하다는 이유를 알 수 있다. 먼저 공기는 눈에 보이지 않는다. 공기는 숨이나 바람이라는 간접적인 수단으로만 느낄 수 있을 뿐이다. 어느 특정한 것이어서, 아르케로서 적합하지 않은 것이지만, 확실히 공기는 우리가 느낄 수 있는 것(자연) 가운데 가장 '아무것도 아닌 것' 같다. 어디에나 있고 또 여러 가지로 변화하기도 한다. 물론 물도 그런 성질을 갖고 있으나 이러한 자격을 한층 더 잘 갖추고 있는 것은 공기이다.

그러나 공기가 아르케가 된 더 큰 이유는, 만물이 어떻게 공기에서 생성해 갔는지를 설명하는 데 알맞기 때문이다. 즉 공기란 운동하는 '물질'인 것이다.

아낙시메네스가 세계의 생성·변화의 법칙으로 생각한 것은 공기가 희박해지거나 농후해지면서 생기는 변화였다. 공기는 희박해지면 불이 되고, 농후해지면 바람이나 구름, 또는 물, 흙, 돌이 된다. 또한 열은 희박해져서 생기고, 반대로 농후해지면 차가워진다. 이러한 공기의 희박화·농후화가 교대로 되풀이되면서 세계의 변화가 일어난다. 이러한 아낙시메네스의 설명은 그럴 듯해 보이지만 단순한 것이었다.

예를 들어 우리는 공기를 압축하면 더워지는 것을 알고 있다. 또는 돌에 열을 가한 경우를 생각해 보자. 이 돌은 농후해져 있는 것일까, 희박해져 있는 것일까? 세계에 대한 단순한 설명은 언제나 이런 난점을 갖고 있다. 그럼에도 불구하고 아낙시메네스의 사상은 공기의 변화에 의해 이 세계의 여러 현상을 설명하려 한 일원론(하나의 원리를 갖는 이론)이었다. 그리고 공기는 여러 가지로 그 모습이 바뀌어도 공기 자체는 변화하지 않는다. 물도 농후해진 공기임에는 변함이 없다. 공기는 아르케에 요구되는 자격의 한 가지, 변화를 통해 변화하지 않는 점을 갖추고 있다. 나중에 등장하는 아리스토텔레스는 이처럼 변화를 통해 변화하지 않는 것을 기체基體라고 부른다.

아낙시메네스의 사상에서 또 한 가지 중요한 점은, 인간과 우주, 즉 세계를 하나의 원리로 생각한 데 있다. 아낙시메네스는 영혼이 기식氣息(옛날부터 숨은 무엇인가 특별한 것, 생명의 리듬을 상징하는 것으로 생각되어 왔다. 그러므로 영혼과 동일시한 관념으로 영혼을 의미하는 경우가 많다)이며 호흡을 통해 우리들의 몸 가운데로 들어온다고 생각했다. 또 공기는 신이라고도 말했다. 인간이 호흡을 통해 들어오는 공기[기식]에 의해 살아가고 있듯이, 이 우주 즉 세계도 공기에서 생겨 공기로 돌아가고 있다는 것이다.

인간을 소우주로 파악하는 이런 발상은 그리스 철학에서는 뿌리깊은 것이었다. 지금까지 말한 밀레토스의 세 철학자로부터 시작되는 사상의 흐름을 이오니아 자연학이라고도 한다. 그것은 그들이 자연에 대해 사고했으며 자연에서 세계의 아르케를 구했기 때문이다. 그러나 소우주라는 말에서도 알 수 있듯이, 그들이 말하는 자연이란 오늘날 우리가 말하는 자연이 아니라 영혼이나 생명이 담긴 자연이었다.

이오니아 자연학은 후세에 고대의 유물론으로 평가되기도 했으나 그것은 절반은 맞고 절반은 틀린 생각이다. 탈레스의 물이든 아낙시메네스의 공기이든 단순한 물질이라기 보다도 생명의 원리로서의 물이나 공기였으며, 오히려 살아 있는 물질이었던 것이다. 이와 같은 사상을 물활론物活論이라고도 한다. 반대로 물질[자연]을 수동적인 죽은 것처럼 보는 사상은 근대에 특유한 것으로, 근대에 이르러 비로소 물질이 법칙에 지배되는 죽은 것이 된다. 즉 물활론은 역사적 다수파이다.

근대의 철학은 정신으로 파악된 인간과 자연을 엄밀히 구별하는 것에서 출발한다. 거기에서 자연은 죽은 물질에 지나지 않는다. 그러나 우리가 철학사의 출발점에서 보는 것은 인간자연우주가 일체가 된 세계상이다. 그 가운데에서 자연이라는 말이 갖고 있는 또 하나의 의미, 된다[이루다, 생성하다]라는 의미도 생동하고 있었던 것이다.

이 일체가 된 세계를 분할한 사람은 그들을 '자연을 탐구한' 사람들로 분류했던 고대 철학의 완성자 아리스토텔레스였지만, 이오니아 자연학의 사람들은 한정된 의미에서의 '자연'을 전문적으로 연구하고 있다고는 생각도 하지 않았다.

2. 피타고라스 학파의 '수'의 신비주의

 철학사는 밀레토스 사람들의 합리적인 사상 외에 또 하나의 기원을 갖고 있다. 그것은 '피타고라스의 정리'로 유명한 피타고라스 Pythagoras (BC 570?~BC 490?)와 그의 제자들이 철학사에 남긴 것이다.
 그들은 세계를 합리적으로 설명하려 했을 뿐만 아니라, 이 세계의 근거(아르케)를 보이는 세계 밖에서 구해, 철학이라는 정신 가운데 저편의 것에 대한 갈망을 도입한 사람들이다. 우리는 그것을 합리주의적인 사고방식과 상반되는 신비주의적인 사고방식이라고 부를 수 있다. 이후의 철학사는 합리적인 겉모습의 핵심에 있는 저편의 것, 절대적인 것에 대한 갈망에 의해 움직여 왔다.
 피타고라스는 전설에 싸인 사람이다. 헤라클레이토스는 피타고라스를 '모든 인간 중에서 가장 많은 지식을 갖고 있는 사람'이라고 칭찬했지만, 또 한편으로, '사기꾼의 원조'라고 비방하고도 있다. 피타고라스는 탈레스처럼 아무 저작도 남기지 않았으므로 우리는 어디서부터 어디까지가 피타고라스의 사상인지, 아니면 피타고라스 제자들의 사상인지를 구별할 수 없다. 피타고라스에 얽힌 전설은 천계의 음악을 들을 수 있었다는 것 외에 동물을 마음대로 할 수 있었다든지, 미래를 투시할 수 있었다든지, 몇십 번이나 죽었다가 소생했다는 등 여러 가지가 있다.

피타고라스와 그 제자들은 세계의 아르케가 무엇이라고 생각했을까? 피타고라스 학파는 세계가 수數에 의해 만들어져 있다는, 지금 듣기에는 기묘한 사상을 전개했다. 더욱이 피라고라스와 그의 제자들은 소위 철학자가 아니었다. 그들은 여러 가지 계율을 갖고 공동 생활을 하는 신비주의적인 종교 단체로, 수학 연구는 그 활동의 일부에 지나지 않았다.

피타고라스 교단

피타고라스는 이집트를 시발로 각지를 돌며 여러 신비적인 체험을 쌓은 후, 남이탈리아의 크로톤에서 그의 교단을 만들었다. 그것은 2개의 계층(피타고라스 교도, 피타고라스주의자)으로 이루어진 비밀결사 색채가 짙은 것이었다. 그 중에서도 피타고라스 교도라 불린 사람들은 재산을 공유하며 공동 생활을 일생 동안 할 것, 그들의 비밀을 다른 이에게 누설하지 않을 것을 맹세했다. 피타고라스 교단은 당시 남이탈리아의 정치에 개입했던 아나키를 싫어하는 귀족주의적인 당파로, 한때 큰 세력을 얻었지만 나중에 민주주의적인 세력에 박해받아 많은 교도가 죽었다고 한다. 또한 비밀 결사에 있기 마련인 내부 분열도 일어난 듯하다. 피타고라스 교단에는 다음과 같은 계율이 있었다고 한다.

1. 콩을 먹지 말 것.
2. 떨어진 것은 줍지 말 것.
3. 하얀 새 중에서 수컷은 만지지 말 것.
   (…… 너무 바보스러워 중간은 생략.)
15. 잠자리에서 일어날 때는, 시트를 감아 몸을 찌르지 않도록 할 것.

물론, 이러한 계율이 그들에게 어떠한 의미가 있었는지 우리는 알 수 없다. 피타고라스 교단의 중심 사상은 신의 불사不死에 관여하거나 영혼을 정화하여 신과 합일한다는 사상이었다고 한다. 그것은 오르페우스교의 사상이기도 했다.

피타고라스 교단은 세계에서 가장 오래된 수학 연구 센터로, 소수의 발견, 홀수와 짝수의 구실, 정다면체의 제작을 비롯한 초등 기하학의 정리 등이 거의 그곳에서 이루어졌다. 수학의 역사를 생각하면, 고대 이집트나 바빌로니아의 수학은 수학이라기 보다도 산술이며 실용적인 측지술에 지나지 않았다. 피타고라스의 교단이 처음으로 산술이라는 측지술을 수학과 기하학으로 높인 것이다.

그러나 피라고라스 교단은 오늘날의 대학처럼 단지 수학을 위해 수학을 연구한 것은 아니었다. 그들은 영혼이 죽지 않는 세계를 동경하여, 이 죽지 않는 것에 관여하기 위해, 또는 영혼을 정화하기 위한 수행의 일환으로 수학을 연구했던 것이다. 왜 수학이 영혼의 불사와 관계가 있는 것일까? 피타고라스와 그의 제자들이 수를 세계의 아르케로 생각했던 이유가 여기에 있다.

그 배경을 알기 위해 피타고라스의 종교 사상이 어떻게 생겨났는지 살펴보자. 그리스의 정신세계는 종종 태양신인 아폴론의 이름에 의해 연상되는 밝은 세계였다. 아폴론의 빛의 세계는 또한 지혜와 힘과 명확한 의지의 세계였다.

아폴론의 조각에서 우리는 젊고 늠름한 근육을 지닌 힘센 의지의 인상을 볼 수 있다. 그것이 상징하는 것은 그리스 문명을 만들어 낸 인간의 힘이라고 해도 좋다. 제우스를 왕좌에 앉힌 그리스 신화의 신들은 인간의 얼굴을 한 신이었다.

그런데 그리스 비극에서 보여지듯이 이 불사는 인간이 관여할 수 있는 것은 아니었다. '죽을 수밖에 없는 것'이란 그리스에서 인간에게 주어져 있었던 별명이다.

기원전 8세기에서 기원전 6세기에 걸쳐 그리스는 왕제 귀족제에서 민주제로의 이행이라는 과도기를 맞는다. 그러나 지금부터 말하는 철학

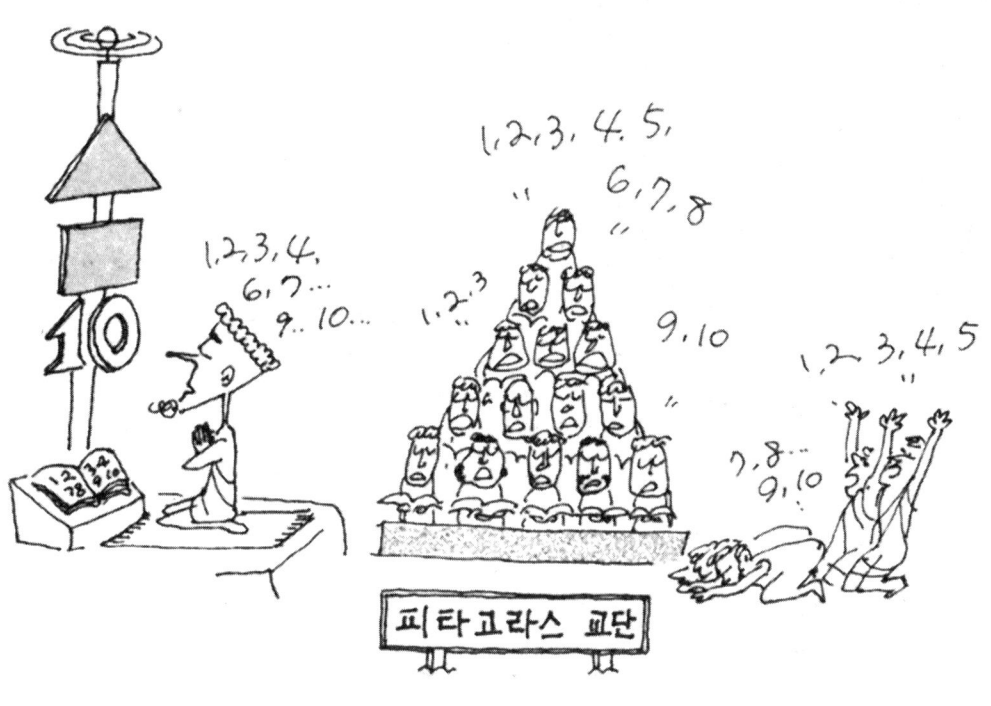

▲ 벨베데레의 아폴론

자들 대다수는 민주제를 혼란스러운 아나키라 하여 싫어했다. 그 무렵(아마도 기원전 8세기 무렵) 니체 Nietzsche(1844~1900)[10]가 그리스 문화의 또 다른 성격으로 지적했던 '디오니소스 신앙'이 그리스 전토에 만연한다.

디오니소스 Dionisos[11](술의 신인 바커스의 다른 이름)는 그리스의 야만스러운 곳인 프리기아 Phrygia에서 왔다는 이교의 신이다. 그 신앙은 신도들이 심야에 산 속에 모여 피가 뚝뚝 떨어지는 날고기를 먹으며 포도주에 취해 리라나 북소리에 맞추어 미친 듯이 춤을 추는 것이었다. 그것은 광란[12]이라는 말에 어울리는 광경으로 당시의 지적인 그리스

---

10. 니체 Nietzsche(1844~1900)
'신은 죽었다'라는 말로 유명한 철학자. 실존주의 원류 중 한 사람이다. 니체에 따르면 예술을 만드는 힘에는 조용하고 조화를 이룬 아폴로 형과 격정적이고 파괴적인 디오니소스 형이 있으며, 그리스 비극은 이 둘을 합친 것이라 한다.

11. 디오니소스 Dionisos
후에 그리스 신화에서 디오니소스(바커스)는 재생을 상징하는 신이 되었다. 디오니소스는 거인족에게 피살되어 살을 먹혔으나, 신들은 디오니소스의 남은 심장으로 디오니소스를 부활시켰다. 인간은 신에 의해 퇴치된 거인족의 몸에서 태어났으므로 부분적으로 디오니소스의 피를 물려받고 있는 셈이 된다.

12. 광란 orgie
오늘날 orgie는 난교 파티를 의미하는 것으로 전락했으나 원래 종교적 비밀 의식,

▲ 니체

▲ 디오니소스의 탄생

인들이 보면 야만스러운 종교였다.

그러나 디오니소스 신앙이 그만큼 급속히 만연했던 것은, 이 이교의 신에게 당시 그리스 사람의 마음을 깊이 사로잡는 힘이 있었기 때문이다.

가치관이 혼란스러운 과도기에 사람은 자신이 죽을 수밖에 없다는 것에 두려움을 느끼게 된다. 그리스 문화를 특징하는 지적이고 합리적인 정신의 배후에는 인간을 초월한 무엇인가에의 갈망이 잉태되어 있었다. 디오니소스 신앙은 그와 같이 떨고 있는 사람들의 영혼을 사로잡아 신과 합일하는 방법을 가르쳤던 것이다. 그들은 제사의 정점에서 디오니소스의 이름을 부르며 실신하여 땅을 굴렀다고 한다. 이 엑스터시[13] 중에 그들은 좁은 자기를 탈출하여 신과 합일한다고 생각했다. 사람들

제사의 의미였다. 디오니소스 신앙 등의 비밀 의식이 광란 속에서 춤과 과음을 같이 하는 것이었으므로, 야단법석의 의미도 갖게 되었다.

13. 엑스터시 ecstasy

오늘날, 성애의 환희를 의미하는 것으로 왜소화(라고 할 수만은 없지만)되어 있는 엑스터시는 원래 '자신을 나가는 것', 즉 탈자아脫自我이며 자신을 잊는 것을 의미했다. 자신(신체라는 감옥)을 나가 위대한 것과 합일하는 것이 엑스터시이며, 황홀을 의미하는 것이다. 이 엑스터시 용법의 변천은 orgie의 경우와 같이 우리들이 자신이라는 감옥을 좀처럼 나갈 수 없게 된 것을 의미하고 있다.

은 죽지 않기를 몹시 원했기 때문에, 또는 같은 말이지만 현실의 운명으로부터 도피하고 싶었기 때문에 이 이교의 광란 가운데로 몸을 던졌던 것이다.

음악의 선조라는 전설의 사람인 오르페우스Orpheus[14]에서 시작하는(이것도 선설이지만) 오르페우스교Orphism[15]는, 그 후의 철학사 전개에 깊은 영향을 끼쳤던 종교로, 말하자면 그리스화된 조용한 디오니소스 신앙이었다.

오르페우스의 무리들이 의도했던 것 역시 엑스터시, 신과의 합일이었다. 그러나 디오니소스 무리의 야만스러운 음악에 비해, 전설의 오르페

---

14. 오르페우스 Orpheus
그리스 신화에 나오는 최고의 시인, 음악인. 오르페우스가 하프를 켜면 목석도 춤추고 맹수도 얌전해졌으며, 아르고호의 원정에도 참가하여 요사스런 노래를 하프 연주로 물리쳐 배의 안전을 도모하였다. 또 명계冥界의 왕 하데스를 찾아가 죽은 아내를 데려가도 좋다는 허락을 받아냈을 정도로 하프의 명연주자였지만, 약속을 어겨 수포로 돌아갔다. 그 후 슬픔에 젖어 다른 여자들을 전혀 돌보지 않자, 원한을 사서 갈갈이 찢겨진 채 강물에 버려졌다. 하지만 하프는 하늘로 올라가 성좌星座가 되었고, 그는 신들의 사랑을 받은 영웅들의 사후안식처인 엘리시온에서 하프를 켜며 사람들을 즐겁게 해주고 있다는 것이다. 이 전설은 유럽의 문학과 문예에 풍부한 소재를 제공하게 되었다. 또한 그는 영혼의 불멸을 주장하는 오르페우스교의 창시자로도 알려져 있는데, 이 비교秘敎는 후세의 시인이나 철학자들에게 많은 영향을 미쳤다.

15. 오르페우스교 orphism
오르페우스가 신의 계시에 따라 창시하였다는 고대 그리스의 밀의적密儀的 종교. 언젠가는 죽게 마련인 육체의 속박으로부터 벗어나 인간의 영혼이 영적 존재로서 불사와 영원의 행복을 얻는다는 것을 기본 종지宗旨로 한다. 그 목적을 달성하기 위하여 교의敎義에 바탕을 둔 계율에 따라 엄격한 수행과 특별한 제의祭儀를 행하였다. BC 7세기경 디오니소스 숭배에서 파생된 것으로 보이나, BC 6세기에는 아테네를 중심으로 하여 그리스 본토와 남이탈리아 각지로 퍼졌다. 플라톤이나 핀다로스의 저서 등에서도 이 영향을 엿볼 수 있다.

▲ 광란하는 트라키우스 여인들로부터 봉변을 당하는 오르페우스

우스가 연주하는 하프의 조용한 음색은 디오니소스 신앙이 어떻게 그리스화되어 있는지 잘 보여 준다.

오르페우스교도는 디오니소스 교도와 똑같은 것을 구했으나, 그것을 집단의 야단법석 속에서가 아니라 조용한 엑스터시, 그들이 말하는 바 영혼의 정화淨化(katharsis)[16] 속에서 구했던 것이다. 말하자면 사람을 흥분시키는 음악과, 사람의 마음을 평온케 하는 음악의 차이가 이 두 개의 종교 사이에 있다.

피타고라스 교단은 이 오르페우스교의 사상을 그대로 계승하여 실천하는 종교 단체로 출발했다. 그래서 피타고라스 교단에서는 식사하는 방법 등과 함께, 수학이나 음악의 연구가 영혼의 카타르시스를 위한 필요 불가결한 수행의 하나였다. 디오니소스교가 지상에 없는 것을 구하려 했던 것처럼, 피타고라스 교단도 지상에 없는 것, 즉 하늘에 있는 별

▲ 디오니소스와 신비적 종교의식에서 중요한 역할을 한 페르세포네. 그녀는 명계의 여왕이자 하데스의 아내.

---

16. 정화淨化(katharsis)
원래는 '배설'이라는 의미. 즉 신체 중의 불결한 것을 내보내 깨끗하게 되는 것이다. 피타고라스는 육체를 일종의 감옥이라고 생각했으므로 카타르시스란 또한 신체라는 감옥을 탈출하여 영원한 세계와 합일하는 것이었다. 많은 종교에서 수행이란 몸을 깨끗이 하는 것, 즉 카타르시스이다. 또 카타르시스는 후에 아리스토텔레스에 의해 비극을 설명하는 말로 사용되었다. 인간은 비극을 봄으로써 마음 속의 울적했던 감정을 배설시킨다.

들의 운행이나 현상의 배후에 숨겨진 진리에 눈을 돌리려 했던 것이다. 그들은 영혼이 윤회한다[17]고 생각하여, 현세에서는 사람의 영혼이 죄를 지어 신체라는 사슬에 묶여 있다고 했다.

그리고 신체의 감각은 불순한 것이며, 우리들의 영혼은 이 불순한 것으로부터 정신으로 정화되어야 한다고 했다.

이 눈에 보이지 않는 배후에 있는 있는 것이란, 예를 들면 하프의 현 사이에 있는 비례나, 천체의 운행 사이에 있는 조화[18]를 말한다. 음계가 현의 길이의 비례에 따라 정해지는 것은 잘 알려져 있다. 그런데 만일 음색이 좋고 나쁨을 문제로 하지 않는다면, 이 음계라는 비례(혹은 음계에 의해 생기는 조화)는 현의 재질에는 좌우되지 않는다. 즉 비례(로고스)라는 것은 자신에 속하는 것이 아니다. 물이나 공기는 아무리 변화해도 비례가 생기지 않는다.

삼각형에도 삼각형의 정리라는 눈에 보이지 않는 조화가 존재한다.

---

17. 피타고라스는 영혼이 죽지 않고 계속해서 여러 동물을 거쳐 간다는 윤회관을 갖고 있었다. 언젠가 피타고라스는 매맞고 있는 개를 보았을 때, '멈춰라. 때리지 마라. 분명히 친구의 영혼이다. 우는 소리를 듣고 알았다'라고 했다 한다. 또 피타고라스 학파가 생각한 시간은 직선적인 것이 아니라 큰 원을 그리며 원래의 곳으로 되돌아가는 시간이었다. 그들은 원래로 되돌아갈 때까지의 주기를 대大우주년이라 했으며, 그곳에 우주의 조화가 나타나 있다고 생각했다.

18. 조화調和
하모니라는 말은 조화에서 나온다. 조화는 전체의 각 부분이 통일된 질서 아래 아름다운 균형을 이루고 있는 상태를 나타낸다. 피타고라스 교도들은 우주의 본질을 조화라고 생각했는데, 이 세계(우주)를 코스모스라고 한 것도 피타고라스가 처음이었다고 한다. 조화를 이루며 존재하고 있는 것 중에서도 가장 신적인 것은 천체의 운행이라고 했다. 그러므로 천계의 음계란 피타고라스의 우주관을 가장 잘 상징하는 말이다. 그러나 조화라는 사상은 피타고라스 학파에만 그치지 않는다. 근대 천문학을 세운 케플러나 뉴턴도 조화를 구해 천체의 법칙을 탐구했다.

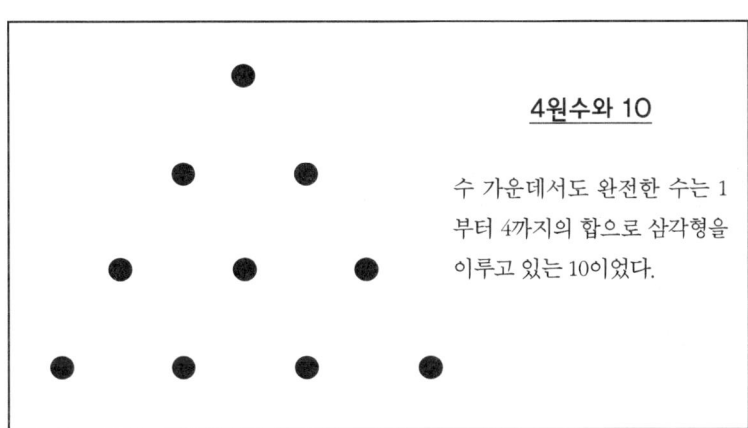

4원수와 10

수 가운데서도 완전한 수는 1부터 4까지의 합으로 삼각형을 이루고 있는 10이었다.

우리가 가장 아름답다고 느낀다는 황금분할도 7 : 3이라는 비례로 이루어져 있다. 그들은 변화하는 현상 세계보다도 숫자라는 추상 속에 있는 비례나 조화가 분명히 영원한 것이라고 생각했다. 이 사상은 육체로부터 영혼의 해방과 불멸을 구하는 오르페우스교의 교의와도 통한다.

그런데 여기서 피타고라스와 그의 제자들은 거꾸로 수학과 그 비례에서 이 세계가 성립되어 있다고 생각했다. 그 중에서도 그들이 특히 중시했던 것은 1에서 4까지의 수[4원수元數]였다. 1에서 4까지는 모이면 정삼각형을 만들며, 그 합은 완전한 수인 10이 된다. 짝수(무한한 것을 그들은 짝수라고 했다)와 홀수의 조합으로 모든 수를 만들 수 있듯이, 만물은 이러한 수를 본성으로 하여 만들어졌다. 예를 들면 1은 점이며 또한 처음의 것인 이성을 나타낸다. 2의 2배인 4는 입체이며 또 정의正義이다.

또 수 가운데는 여러 가지 본성이 있다. 예를 들면, 결혼의 본성은 5다. 왜냐하면, 남성은 홀수이며 여성은 짝수로, 5는 최초의 홀수(3)와 짝수(2)가 합쳐진 수이기 때문이다. 이렇게 수에는 이 세계의 여러 가지 현

▲ 피타고라스

상의 본성이 할당되어, 10은 모든 수를 포함하는 수, 즉 완전하며 신성한 수가 되었던 것이다.

철학의 방법으로서 피타고라스와 그의 제자들이 철학사에 가져온 사상은, 눈에 보이는 것에서 세계의 아르케를 유추하려 했던 밀레토스의 세 사람과 그 흐름을 이룬 철학자와는 정반대로, 눈에 보이지 않는 것에서 이 세계의 아르케를 구하는 것이었다. 그것은 세계를 해석하는 방식의 차이, 합리적인 것과 신비적인 것의 조합 방법의 차이를 의미한다.

물론 우리가 지금까지 보아 왔듯이, 탈레스의 물은 단지 눈에 보이는 물만을 의미하고 있었던 것이 아니라, 눈에 보이는 물의 움직임에서 세계의 원리로서의 물을 생각해 낸 것이었다. 그러나 피타고라스의 발상은 그것과 정반대다. 수학을 한 번도 배운 적이 없는 사람은 직각 삼각형을 아무리 뚫어지게 쳐다 봐도 삼각형의 원리를 생각해 낼 수 없다. 즉 진리는 배후에 숨어 있는 것이다. 자연(그것을 물로 생각하든 공기로 생각하든)은 우리 눈에 보이는 세계로부터 떨어져 있지 않다. 그러나 수는 그 배후에 숨어 있다. 철학사적으로 말하면 그들은 본질과 현상의 구별을 철학 속으로 가져왔다고 할 수 있다.

물론 피타고라스와 그의 제자들이 수에서 이 세계의 아르케를 찾은 것은 그들이 이 지상 세계에 있는 것이 아닌 오히려 천상의 것, 저편의 것을 구하고 있었기 때문이다. 영혼의 카타르시스란 이 지상의 더러움에서 몸을 깨끗하게 한다는 의미이다. 음악에 대한 도취, 수학에 대한 도취 그리고 체조 등은 우리의 영혼을 이 지상의 상태에서 정화시킨다.

유럽 철학사는 정신에 대한 사색의 역사라고 해도 좋을 정도로 항상 정신을 순수한 것, 신체의 불순함으로부터 해방된 것으로서 구해 왔다. 이 사상도 피타고라스와 그의 제자들이 철학사에 가져온 것이다. 이러한 사상도 근거가 없지는 않다. 세계의 원리는 그렇게 간단히 변화하는 것이라면 곤란하기 때문이다. 게다가 자연의 원리로부터는 비례나 조화 및 수는 설명하기에 적합할지도 모른다. 아마도 이것들을 발견했을 때의 놀라움은 상당했을 것이다. 여기에 세계의 아르케가 있다고 그들이 확신했다 해도 이상한 일은 아니다.

그러나 피타고라스나 그의 제자들이 철학에 끼친 큰 영향은 그것만이 아니다. 앞에서 보았던 밀레토스의 철학자들이 구했던 아르케는, 어떻게 세계를 잘 설명할 수 있을까라는 것이었다. 물론 그들이 세계의 아르케로 발견했던 '물질'은 오늘날 우리가 생각하는 이상으로 신비적인 것이었지만. 그런데 피타고라스와 그의 제자들이 구했던 것은 오히려 영원한 것, 죽지 않는 것이었으며, 단지 이 세계를 잘 설명할 수 있는 것뿐만 아니라 이 세계를 초월한 어떤 것이었다. 철학이란 이 죽지 않는 것, 영원한 것을 언어로 추구하는 사상이다. 물론 그것은 사람들의 정신 가운데 죽지 않는 것, 영원한 것에 대한 갈망이 강하기 때문이다.[19]

---

19. 영원의 세계는 시간이 없다. 그리고 인간의 신체는 현실 가운데 속박되어 있다.

피타고라스 학파의 이러한 아르케에 관한 사상은 이후의 철학사 전개에 밀레토스 사람들보다 큰 영향을 끼치고 있다. 이 지상 세계 이상의 '무엇인가'가 있다는 사상은 플라톤의 이데아 사상에 계승되고 기독교에 영향을 끼쳤으며, 더 나아가 데카르트의 신에 대한 확신으로 연결되었다.

▲ 피타고라스와 아리스토텔레스

우리가 철학이라는 것을 생각할 때 간과해서는 안 될 것은, 철학이 언어의 합리적인 사용법의 핵심에, 피타고라스 이래의 눈에 보이지 않는 것에 대한 동경을 숨기고 있다는 사실이다. 우리는 합리주의와 신비주의를 정반대의 것으로 생각하기 쉬우나, 사실은 합리주의란 신비주의를 그 속에 숨기고 있는 것이다. 합리적인 것이란 반드시 현실적인 것과 같은 뜻이 아니다. 합리적[영어로 rational인데, ration(라틴어의 ratio, 이성·사유에서 유래)이라 하면, 할당, 분배를 뜻하는 것이다. 합리적이란 역시 비율(로고스)을 발견하는 것이다]이란 논리적으로 결정하는 하나의 수단인 것이다.

역사적으로 생각하면 유럽 철학사는 논리나 수[기하학]에 대한 강한

그것이 정신과 육체를 나누는 사상의 기원이다. 수학과 철학에 의해 인간은 감각을 빠져나와 정신적으로 되며, 음악에 의해 조화와 법칙성을 알게 되어 조화롭게 된다(그들은 rock 같은 아나키적인 음악이 장래 생기리라고는 상상도 못했다). 체조도 또한 육체를 정신의 지배 아래 두는 좋은 수단이 된다고 생각하여 채용했다. 이렇게 열거해 가면 학교 교육과 비슷한 점이 많다.

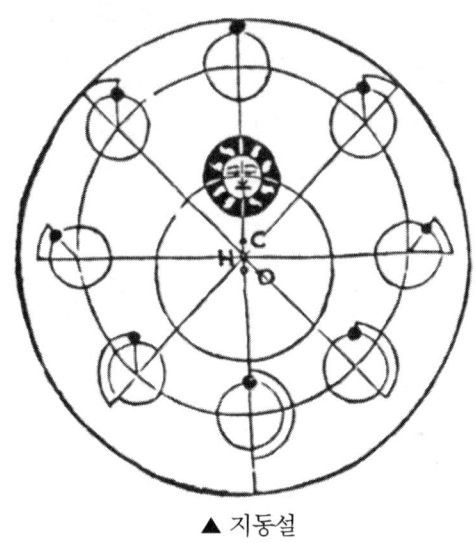
▲ 지동설

확신을 갖고 있어, 이 논리나 수에 적합한지 아닌지가 그들의 합리성의 기준이었다. 피타고라스 학파의 현실[눈에 보이는 것]을 초월한 아르케가 수로서, 논리로서 계승되어 오늘날까지 이어지는 유럽 철학사의 흐름이 완성되었던 것이다.

합리라는 말에는 비율이라는 의미가 있다. 로고스도 또한 비율이라는 의미를 갖고 있다. 이오니아의 철학자들도 신비적인 로고스에 대해 말했지만, 실재의 로고스는 먼저 현이나 도형의 비율로서 발견되었던 것이다. 유럽의 근대란 신화를 추방했던 시대지만 동시에 근대라는 신화를 수립했던 시대이기도 하다. 그 먼 원인은 이미 피타고라스의 사상 가운데 발견된다.

피타고라스 학파의 수의 사상에 대한 일화를 2가지 정도 들어 보자. 하나는 그들의 우주론에 관한 것이다. 피타고라스 학파에서 최초로 지동설에 관한 사고가 생겼다. 그들은 수학자였을 뿐 아니라 천문학자이기도 했던 것이다. 이 교단의 사람인 필로라오스는 태양, 지구, 달, 행성, 항성이 세계의 중심인 불의 주위를 수학적 규칙에 따라 움직이고 있다고 주장했다. 필로라오스의 이러한 설명은 수학적 법칙이 천체의 운행을 지배한다는 사고 방법으로서 후세에 큰 영향을 끼쳤다.

그러나 천체의 운행이 수학적이라는 것은 그들에게 있어서는 당연한 것이었다. 가장 완전한 존재인 천체가 수의 조화를 넘어 운동할 리 없기 때문이었다. 이렇게 해서 천체에는 완전한 조화, 일종의 음계가 있다 하여 보통 사람이 들을 수 없는 천계의 음악을 피타고라스는 들을 수 있었다는 전설이 생겨났다. 물론 그것은 그들의 신비적인 체험 가운데에서는 충분히 있을 수 있었던 일이다. 그러나 동시에 그들이 천체에 요구했던 완전함은, 열 번째 천체로서 지구의 반대편을 도는 존재하지 않는 천체를 만들어 냈다. 왜냐하면 천체의 수가 10이 아니고서는 안 되었기 때문이다.

또 다른 일화는 무리수에 관한 것이다. 피타고라스 학파는 무질서를 페스트 같은 질병처럼 몹시 싫어했다. 정사각형의 대각선에서 발견된 무리수는 그들의 이념인 수의 조화를 어지럽히는 것 이외에는 아무것도 아니었기 때문이다. 그들은 수를 1이 순번으로 만들어 가고 있는 것으로 생각하고 있었으므로, 무리수는 수로 여기지 않았다. 무리수라는 이름은 여기에서 유래한다. 그리고 무리수를 발견한 피타고라스의 제자인 히파소스는 박해를 받고 바다에 떨어졌다고도 하고, 이 발견에 대해 침묵할 것을 강요받았다고도 전한다.

3. 파르메니데스의 물음

만물은 유전한다 – 헤라클레이토스

철학사는 탈레스의 자연학 사상과 피타고라스의 신비주의를 2개의 기원으로 하여 시작되는데, 우리가 이제부터 보게 되는 물음을 통해 철학사 가운데 긴 고리가 형성되어 간다. 그것은 하나의 물음에 대한 해답이 또 하나의 물음을 불러일으킨다는 문제의 고리이다. 철학사가 최초로 갖고 있었던 물음은 우리가 지금까지 보아 왔듯이 '아르케란 무엇인가'였지만, 다음에 나타난 물음은 '있다[존재]란 무엇인가'라는 것이었다. 여기서 헤라클레이토스와 파르메니데스라는 두 철학자가 등장한다.

헤라클레이토스Herakleitos(BC 540?~480?)는 왕족 출신으로 오만한 사람이었다고 한다. 누구의 제자도 아니며, 민중이나 다른 철학자, 더욱이

▲ 오른쪽 아래에 한쪽 손을 괴고 무언가를 쓰고 있는 사람이 헤라클레이토스이다

헤시오토스라는 시인과 피타고라스조차 경멸했다고 한다. 특히 그의 단편에는 잠언풍이 많으며, 그는 '만물은 유전한다'라는 문구로 유명한 사람이다.

헤라클레이토스는 세계의 모습을 변화라는 형태로 생각했다. 헤라클레이토스는 만물을 강과 비교해 '우리는 같은 강물에 들어가는 것이기도 하며 들어가지 않는 것이기도 하고, 존재하는 것이기도 하며, 존재하지 않는 것이기도 하다'라는 미묘한 말로 이 세계를 설명했다. 헤라클레이토스가 말하는 것은 우리가 같은 강물에 두 번 들어갈 수 있을까라는 것이다. 강물은 날마다 흘러가고 있다. 예를 들면 내가 같은 강, 같은 장소에 들어가도 내 발에 스치는 물은 아까 내 발에 스쳤던 물은 아니다. 그때 내가 '같은 강'에 들어갔다고 할 수 있을까?

이와 같이 끊임없이 변화하고 있는 모습이 헤라클레이토스가 이해한 세계의 모습이었다. 그러므로 강이 있다[존재한다]고 해도, 강은 없다[존재하지 않는다]고 해도 같은 것이다. 오직 변화라는 것만이 항상 변하지 않는 세계의 모습이다.

헤라클레이토스는 밀레토스 사람들의 사상의 흐름을 계승하여 이오니아 자연학풍에서 이 세계의 아르케를 생각한다. 헤라클레이토스가 우리 눈에 보이는 자연 가운데 변화하는 세계의 아르케로 연상했던 것은 불이었다. 불도 어떤 물질이라기 보다는 운동 그 자체에 가깝다.

오늘날에서 보면, 헤라클레이토스의 불은 에너지의 원리였다고도 할 수 있을 것이다. 그러나 불은 이 다양한 세계를 어떻게 완성할까? 헤라클레이토스는 '만물은 불의 교환물이며, 불은 만물의 교환물이다. 물건이 황금의, 황금이 물건의 교환물이듯이'라는 의미심장한 단편을 남기고 있다.

눈치 빠른 사람은 여기서 재빨리 상품 교환의 세계에 대한 고찰을 볼

헤라클레이토스의 생성우주론

불 →(불로 됨) 화합·평화→ 세계
불 ←(생성) 전쟁·싸움← 세계

헤라클레이코스에 따르면, 세계는 불에서 생겨 다시 불로 되어가는 과정이 영원히 주기적으로 교체된다

지도 모른다. 그것은 너무 앞선 생각이기는 하지만, 헤라클레이토스가 대립과 조화라는 관계로서 이 세계가 변화하는 모습을 파악하려 했던 것은 사실이다. 이런 의미에서 헤라클레이토스는 고대적인 변증법의 조상이라고도 불리고 있다.

변증법은 제2부에서 보듯이, 소크라테스가 문답법이라는 형태로 만들어 가는데(102쪽 참조), 헤라클레이토스는 먼저 이 세계 자체의 모습으로서 변증법적인 관찰 방법, 그것도 존재가 어떤 것으로서 있는지에 대한 변증법적인 관찰 방법을 주장한 것이다.

　　삶과 죽음, 잠자고 깨어나는 것, 젊음과 늙음은 어느 것도 같은 것으로서 우리들 가운데에 있다. 이것이 바뀌어 저것이 되고, 저것이 바뀌어 이것이 되기 때문이다(『초기 그리스 철학자 단편집』).

즉, 세계는 끊임없이 변화하여 머무를 곳을 모른다. 이 역동적인 세계상이 헤라클레이토스가 생각했던 세계였다. 소크라테스 이전 시기의 철학자의 저작은 대부분이 단편이나 전문의 형태로밖에 남아 있지 않을 뿐더러 수수께끼와 같은 점이 있다. 헤라클레이토스도 마찬가지로, 그는 범인凡人을 대립하는 것의 한 면밖에 볼 수 없다고 경멸하고 있었다고 한다. 그 선구성 때문인지 헤라클레이토스는 고고한 사람, '어두운 사람'이라고 불리기도 했다. 나중에 말할 엠페도클레스에 이르러서는 그는 자신을 신에 비교했다고 한다. 또 헤라클레이토스는 로고스라는 말을 최초로 강조했던 사람이기도 했다.

"자기자신을 성장시키는 로고스는 영혼에 고유한 것이다."
"만물은 로고스에 따라 생성하고 있다."

여기서 로고스라 불리는 것은 나중에 철학사 가운데서 더욱 정리되어, 말이자 논리인 것으로 되지만, 헤라클레이토스가 말하는 로고스란 아직 신비적인 로고스였던 것 같다. 헤라클레이토스에게 있어서는, 범인에게는 이 로고스가 보이지 않았던 것이다. 세계를 끊임없이 변화하는 것이라고 생각할 때, 그러면 이 변화를 지배하고 있는 법칙은 무엇일까라는 물음이 당연히 생긴다. 헤라클레이토스는 이 신화를 지배하는 것을 로고스라고 불렀다.

여기서 이오니아 자연학의 또 하나의 요소도 지적해 두자. 이오니아 자연학에 대해 후세가 보는 시각 중의 하나는 고대의 유물론이라고 하는 것이다. 후에 철학사가 이 세상에 없는 것(이데아라든가)을 세계의 근거로서 구해간 것에 대해, 이오니아 자연학의 사람들은 자연에서 그 원리를 구했다. 그런 의미에서 이오니아 자연학은 근대의 유물론에 가까운 면도 갖고 있다. 그러나 헤라클레이토스가 주장했던 로고스가 신비적인 로고스였듯이, 많은 이오니아 철학자들은 미묘한 문구를 남긴 예언가풍의 사상가이기도 했으며, 그들이 남긴 단편에는 인간의 윤리에 관한 것이 많았다.

파르메니데스의 완전한 존재란?

그러나 이 철학사의 흐름에서 만물은 변화하는 것이 아니라 변화하지 않는 것이라는, 헤라클레이토스와는 반대 관점의 사상이 탄생했다. 그것은, 변화하는 것은 진짜 있는 것이 아니지 않을까라는 파르메니데스Parmenides(BC 515?~BC 501)의 철학이다.

파르메니데스는 남이탈리아의 엘레아 사람으로 크세노파네스의 제자라고도, 피타고라스 학파의 아메이니아스의 제자라고도 전한다. 피타고라스 학파의 영향을 많이 받았으며, 소크라테스, 플라톤에게 큰 영향을 끼쳤다. 플라톤의 주요 저작의 하나인 『파르메니데스』는 젊은 소크라테스와 파르메니데스의 문답을 묘사하고 있다. 그러나 그의 주요 저작은 다른 이오니아 자연학자와 마찬가지로 『자연에 대하여』로 제목이 붙여져 있다.

▲ 파르메니데스

크세노파네스, 파르메니데스, 파르메니데스의 제자 제논 등을 엘레아 학파라고 부르기도 한다.

'있는 것'은 불생不生이기 때문에 불멸인 것이다. 왜냐하면 있는 것은 완전무결한, 또 동요되지 않는, 끝나지 않는 것이기 때문에 그것은 일찍이 언젠가에만 있었던 것도 아니며 또 언젠가 어느 때에 비로소 있을 것도 아니다. 왜냐하면, 그것은 현재 함께, 전체로서, 하나로서, 연속되지 않는 것으로 있기 때문에 그것을 위해 당신은 어떤 기원을 찾으리라고 말할 것인가 어찌하여 어디에서 생장해 왔다고 하는 것인가. 나는 당신이 없는 것에서라고 말하는 것도, 생각하는 것도 허락할 수 없을 것이다(『초기 그리스 철학자 단편집』).

파르메니데스의 요청이라는 말이 있다. 그것은 철학이 철학으로서 시작될 때 파르메니데스가 우리가 생각한다고 하는 것에 요구한 것으로, 그 내용은 '〈있는 것〉은 있고, 〈없는 것〉은 없다. 그러므로 없는 것을 탐구할 필요는 없다'고 하는 일종의 토톨러지 tautology[20]였다. 즉 없는 것을 생각한다는 것은 무의미하다는 것이다.

'있다[존재하다]'는 것은 무엇인가?[그리스어에서는 '있는' 것을 '온on'이라 하는데, 이 말에서 존재론 ontalogia('있는' 것에 대한 로기아 logia)라는 말이 생겼다. 즉, 철학의 중심인 존재론은 파르메니데스로부터 시작한다] 이것도 철학의 기본적인 물음이다. 우리 눈에는 여러 가지[만물]가 있는 것처럼 보인다. 그 모든 것이 항상 변화하며 같은 모습을 유지하는 것은 아니다. 이것이 헤라클레이토스가 '있다'고 하는 것에 대한 대답이었다. 파르메니데스는 이 대답을 일보 진전시킨다. 먼저 '없는 것'을 생각한다는 것은 무의미하다. 다음에 '있다'고 하는 것을 생각하여 '있는 것'이 무엇인가로부터 생겨났다고 말하면, 생겨나기 전에는 이 '있는 것'은 없었던 것이 된다. 그러므로 '있는 것'은 생기지도 않고 끝나지도 않는다. '있는 것'은 언제나 '있다'. 이것이 '있다'는 것에 대해 파르메니데스가 준 해답이었다.

---

20. 토톨러지 tautology (동어반복同語反復)
토톨러지란 같은 말을 반복하는 것이다. 예를 들면 '인간은 인간이다'라는 문구는 아무 의미도 없지만, 이것을 '저 사람은 남자답다'라고 바꿔 말해 보자. 저 사람은 이미 '남자'임에도 불구하고, 왜 '남자답다'는 것일까? 그러면 저 사람은 '남자답지 않다'라고 했을 때, 저 사람은 남자일까 남자가 아닐까? 여기서 알 수 있는 것은 '남자답다'는 말이 분류학상 남자냐 아니냐라는 의미가 아니라, 진짜 남자가 어떤 것이냐라는 사고를 포함하고 있는 것이다. 존재론이란 'A = A'가 무의미한 글이라고 생각하는 현대의 논리학에 대해 'A = A' 가운데, 외형의 A와 진짜 A의 구별을 가져오는 사상이다.

이 문답은 말도 안 되는 것으로 들릴지도 모른다. 그런데 헤라클레이토스와 파르메니데스에 의해 우리가 보통 생각하는 '있다'는 것에서 진짜 '있다'는 것은 어떤 것일까가 유도되었다. 철학사는 파르메니데스가 제출한 '있다'란 무엇일까의 문제를 계승해 간다. 진실로 '있는' 것은 생기지도 않고 없어지지도 않고 부분도 없는, 그 '있는' 것이라는 것이 먼저 파르메니데스가 얻은 결론이었다. 만일 '있는 것'이 부분을 갖는다면, 그것은 모자라는 것이며 따라서 파르메니데스는 '있는 것'을 공球으로 연상했다. 왜냐하면 공은 모자람이 없는 입체이며, 모자란다는 것은 '없는 것'에 속하기 때문이다. 즉 '있다'는 것은 완전 무결한 '존재'라는 이미지가 완성되었다.

밀레토스의 세 사람과 피타고라스를 철학사의 제 1기로 한다면 헤라클레이토스와 파르메니데스에 의해 철학이 무엇을 문제로 할 것인가는 '……이 있다'의 '……'이 무엇인가라는 이야기에서 도대체 '있다'는 것은 어떤 것인가라는 문제로 옮겨졌다고 할 수 있다. 그리고 파르메니데스의 '있다[존재하다]'를 통해 완전하고 변화하지 않는 '존재'라는 생각이 생겨났다.

이제부터의 철학사는 완전한 존재라는 관념을 축으로 만들어져 간

파르메니데스의 구체

- 젊은 마르크스가 학위논문에서 '자립한 자기의식'이라고 부른 것은 천체이다. 천체는 완전한 것으로서 철학에 존재의 이미지를 제기해 왔다. 항상 완전한 것은 둥근 것으로 생각되었다.

다. 여기서 왜 인간은 '완전한 존재'라는 관념을 갖는 것일까라는 물음을 던질 수 있다. 그것은 사실은 철학이 왜 철학인가 하는 비밀인 것인데, 그것의 검토는 제2부(플라톤의 이원론)로 돌리고 우리는 '완전한 존재'라는 사고가 피타고라스의 수에서 파르메니데스의 '있는 것'으로, 그리고 다음 장에서 말할 플라톤의 이데아로 연결되고 있음을 확인해 두자. 그럼으로써 최초에 신비적이었던 로고스는 점점 현실에서 사용되는 언어 가운데서 구해지게 되었던 것이다.

원소와 원자(atom)

이오니아의 자연학적 발상은 헤라클레이토스에 의해 끝난 것이 아니라 더 계승되어 간다. 엠페도클레스와 데모크리토스가 그 계승자이다. 엠페도클레스Empedokles(BC 493?~BC 443?)도 또한 수수께끼 같은 사람으로 변론가이자, 의사이자, 예언자, 마법사였다. 또 자연학자이자 열렬한 오르페우스교도이기도 했던 그는 스스로를 신과 가까운 사람으로 생각하여, 자신을 신의 경지로 높이기 위해 에트나 화산의 화구에 몸을 던져 죽었다는 전설이 있다. 『자연에 대하여』와 『정화』라는 시로 쓴 저작을 남기고 있다.

엠페도클레스는 오르페우스교의 영향을 많이 받았던 철학자였으며, 동시에 이오니아 자연학풍의 세계관을 계승하여 세계를 4개의 원소[만물의 뿌리]로 설명하려고 했다. 그런데 파르메니데스의 물음을 계승하여 존재를 변화하지 않는 것이라고 생각하면 이 다양한 세계를 설명할 수 없으며, 반대로 존재가 변화한다고 생각하면 파르메니데스의 요청

에 답할 수 없게 된다.

그러므로 그런 변화하는 성질의 것은 '있다'라고 할 수 없는 것이 아닐까라는 반문에 답할 수 없는 것이다. 이것이 철학이 먼저 만난 어려운 문제였다.

엠페도클레스에 따르면 변화하지 않는 진짜 존재는 하나가 아니라 4개—흙, 물, 공기, 불—이다. 이 엠페도클레스의 아르케는 지금까지 이오니아 자연학이 주장해 온 3개의 아르케(물, 공기, 불)에 흙을 더한 것이다. 4개의 원소는 사랑의 힘으로 결합되고, 미움의 힘으로 분리된다. 세계는 영원히 분리(미움의 시대)와 결합(사랑의 시대)을 반복한다. 즉 엠페도클레스는 변화하지 않는 4가지 존재(원소)의 결합과 변화에 의해 이 다양한 세계를 설명하려고 했던 것이다.

이 원소에 대한 사고를 더욱 철저히 한 사람이 데모크리토스 Demokritos(BC 460?~BC 370?)였다. 데모크리토스는 양친의 막대한 유산을 받아 세계 각지를 여행했다. 스스로 '동시대 사람들 중 가장 많은 곳을 여행했으며, 가장 많이 탐구했다'고 말하고 있다. 세상 사람들이 보잘것없는 것을 구하는 것을 보고 비웃었기 때문에, '비웃는 사람'이라는 별명을 갖고 있었다. 그의 박학한 지식은 아리스토텔레

▲ 데모크리토스

스와 비교되는 경우도 있다. 세계의 질서, 자연, 유성, 인간, 정신, 감각과 지각, 색채, 여러 가지 원자의 형태, 사고의 법칙, 원과 구형의 접촉, 독립된 직선과 원자, 수, 리듬과 화음, 작시법, 경작, 회화, 전술, 현자의 마음쓰는 법, 사후의 생명 등등에 대한 저작을 남겼다고 한다. 그러나 그 대부분은 없어지고 말았다.

세계의 요소를 충만된 것(있는 것)과, 공허한 것(없는 것)으로 나누었다. 여러 '있는 것'에 의해 세계를 설명하려 하면, 이 '있는 것' 사이에는 파르메니데스가 피했던 '없는 것'이 '있지 않으면' 안 된다.

▲ 엠페도클레스

이 충만된 것(있는 것)을 데모크리토스는 원자 아톰 atom이라 부른다. 아톰이란 더 이상 쪼갤 수 없는 것이라는 의미로, 근대의 원자 개념과 연결되어 있다. 아톰은 여러 모습을 취하고 있는데 그것의 배열 정도와 방향에 의해 가지각색의 다양한 세계가 완성되어 있다는 것이다. 아톰은 눈에 보이지 않을 정도로 작으나, 여러 아톰이 결합되었다가 분리되었다가 함으로써 우리 눈에 보이는 변화가 생긴다. 이 외관상의 변화 과정에서 아톰 자체는 변화하지 않는다. 이것을 데모크리토스는 "습관에는 색, 단맛, 쓴맛이 있으나 진실은 아톰과 캐논(공허)이 있을 뿐"이라는 말로 표현하고 있다.

예를 들면, 솜은 많은 공허를 포함하며, 구리는 그보다 작은 공허를 포함하고 있다. 질의 변화는 아톰의 위치나 배열에 의해 결정되며, 생성 소멸은 아톰의 분리, 결합에 의해 생긴다. 또한 세계는 최초에 여러 방향으로 움직이고 있던 아톰이 소용돌이가 되어 그 다양한 모습이 만들어진다. 그리고 데모크리토스는 아톰의 여러 성질을 그 형태에 의해 설명하려고 했다. 예를 들면 영혼은 구형의 아톰이며 몸 구석구석까지 들어갈 수가 있다. 또 영혼(이라는 아톰)은 다른 것을 움직이는 일종의 불이다. 그리고 톡하고 쏘는 맛은 모양이 딱딱하고 모난 많은 아톰 때문에 생긴다. 그리고 무수한 아톰에 의해 이 세계의 수많은 성질이 만들어져 왔다.

우리가 감각하고 있는 현상, 즉 맛이나 색깔 등은, 하얀 색이라면 색 그 자체가 있는 것이 아니라 어디까지나 아톰의 조합에 지나지 않는다. 그것은 변화하지 않는 존재를 요청한 파르메니데스의 물음에 대한 답이며, 또 공허(없는 것)라는 사고를 도입함으로써 비로소 운동이라는 개념도 확실히 한 것이다. 왜냐하면, 물체(아톰)가 움직이기 위해서는 아무것도 없는 장소가 필요하기 때문이다. 즉, 공허가 있어야 비로소 운동이 생기는 것이다. 이와 달리, '존재'에 대해 다른 관찰 방법을 취한 파르메니데스의 제자 제논은 유명한 제논 Zenon의 역설(아

▲ 데모크리토스

킬레스는 거북이를 추월할 수 없다)을 주장했다.

  이 데모크리토스의 사상이 근대의 원자론에도 통하고 있다는 이유로, 데모크리토스는 고대의 합리적인 유물론의 제 1인자로 생각되어 왔다. 이오니아 자연학이 그러했듯이 데모크리토스의 단편에도 윤리에 관한 것이 압도적으로 많다. 또 네보크리토스의 원자는 그의 영혼에 관한 사고에서도 알 수 있듯이 일종의 살아 있는 물질이다. 그러므로 데모크리토스의 합리주의는 결코 자연을 물질로 보는 근대의 합리주의 그 자체가 아니라 오히려 자연과 세계를, 세계와 인간을 같은 원리를 가진 것으로 생각한 고대의 합리주의라고 할 수 있다. 이 차이가 어디에서 생기는지에 대해서는 뒤에 생각하자.

  이와 같이 세계를 아톰의 운동으로 단순히 생각했으므로 플라톤은 철저히 데모크리토스를 무시했으며, 아리스토텔레스는 데모크리토스가 운동이 어디에서 오는지를 확실히 하지 못했다고 비판했다. 아리스토텔레스는 아톰이 소용돌이처럼 모여, 거기서 구형의 조직이 생긴다고 하는 근대의 성운설星雲說의 원조와 같은 세계 생성론을 주장하고 있다. 그런데 그 원인에 대해 데모크리토스는 필연이라고밖에 말하지 않았다. 이것이 아리스토텔레스에게는 곤란한 것이었다. 고대 철학은 그것에서 무엇인가 '의미'를 발견하고, 근대 물리학은 중력의 법칙을 발견한다.

  파르메니데스의 물음을 통과함으로써, 철학은 현상(보이는 것 즉, 변화하는 세계)의 배후에 있는 무엇인가 변화하지 않는 것을 생각하는 사고 방법을 익혀간다. 그리고 이 배후에 변화하지 않는 것이 실체라고 불리게 되는 것이다. 배후의 실체를 생각한다는 점에서 근대의 합리주의는 오히려 신비주의에 그 계보를 두고 있다. 근대가 생각한 배후의 실체라는 것은 과학적 법칙이지만 그 이야기를 하기에는 아직 이르다. 이오니아 자연학의 발상법은 데모크리토스의 아톰으로 완성된 반면 피타고라스에서 시작하는 신비주의의 계보는 플라톤으로 이어진다.

2. 플라톤의 이원론

진실로 존재하는 것이란 무엇일까?
파르메니데스의 물음을 받고 플라톤은, 이 세계를 눈에 보이는
세계와 '진실로 존재하는' 이데아의 세계로 나누었다.
이 이분법은 피타고라스학파의 신비주의의 흐름을 이은 것이다.

들어가는 말

"소크라테스와 플라톤은 대화로써
세계의 아르케가 이데아임을 설명했다"

 우리들은 제1부에서 철학이 세계의 아르케를 구하는 동안 변화하지 않는 '존재[있는 것]'라는 사고에 도달하게 된 것을 보았다. 그러나 파르메니데스처럼 '있는 것'은 단지 있다고 말한다면 이 세계를 설명했다고 할 수 없다. 데모크리토스의 아톰은 세계에 대한 좋은 설명이기는 하지만, 아무도 아톰을 본 사람은 없었다. 데모크리토스가 말하고 있는 것이 옳은지 납득시킬 수 있는 근거는 어디에도 없다. 적어도 만인을 설득시킬 수는 없는 것이다.
 여기에서 소크라테스와 플라톤 Platon(BC 428~BC 348)에 의해 철학에 새로운 방법이 도입되었다. 그것은 대화라는 것이다. 대화 중에 상대가 말하고 있는 점의 모순을 이끌어 내는 그들의 방법을 변증법(문답법)이라 불렀다. 즉, 철학은 말이라는 기준을 손에 넣은 것이다. 거기에서 소크라테스와 플라톤이 이 세계의 아르케로서 생각했던 것은 이데아라고 불리는 것이다.

소크라테스Sokrates(BC 470?~BC 399)는 아버지는 조각가, 어머니는 산파였다. 뛰어난 체력과 정신의 소유자로, 세 번이나 병사로서 싸웠으며, 살찌고 괴이한 용모를 하고 있었다. 보통 사람이 보면 기행을 하는 자로, 돌연 황홀 상태에 들어가 그대로 오랫동안 명상에 잠겼다고도 한다. 그의 처는 악처의 대명사로 유명하다.

그는 책을 한 권도 남기지 않았다. 그러므로 소크라테스의 사상은 플라톤의 저작을 통해서만 알 수 있다. 그러면 이데아란 무엇일까? 소크라테스는 우리들이 예를 들면 '정의正義'에 대해 말하고 있을 때 아무도 '정의' 그 자체를 알고 말하고 있지는 않다고 했다.

왜 우리는 '정의 그 자체'에 대해 아무것도 모르면서, '옳은' 사람이라든지 '정의'야말로 제1의 덕이라든지 하고 말할 수 있을까? 그것은 우리 배후에 '정의 그 자체'가 있기 때문이라는 것이 소크라테스의 생각이었다. 이 '정의 그 자체'가 플라톤에 의해 정의의 이데아라고 이름 붙여지게 된다.

고대 철학자들

	BC 600	BC 500	BC 400
탈레스 (624?~546?)			
아낙시만드로스 (610?~546?)			
피타고라스 (570?~490?)			
아낙시메네스 (585?~528?)			
헤라클레이토스 (540?~480?)			
파르메니데스 (515?~501)			
엠페도클레스 (493?~443?)			
데모크리토스 (460?~370?)			
소크라테스 (470?~399)			
플라톤 (428~348)			

1. 이데아란 무엇인가

 소크라테스나 플라톤의 이데아에 대한 사고를 다루기 전에 먼저 삼각형을 예로 들어, 근대적 인간은 좀처럼 이해하기 어려운 이데아가 도대체 무엇인지 생각해 보자.

 먼저, 이렇게 물어 보자. 우리는 삼각형을 바르게 묘사할 수 있을까? 이 대답은 그리 간단하지 않다. 삼각형의 정의에 따르면 삼각형은 3개의 선분으로 이루어진 도형이다. 그런데 선분이란 폭은 없지만 길이가 있는 대용물代用物이다. 우리가 어떤 도구를 이용해 삼각형을 그린다 해도 거기에 그려진 선분은 어느 정도의 폭이 있는 '선분 같은 것'에 지나지 않는다. 또한 우리가 이 현실 세계에서 보는 선분도 폭이 있는 것이다.

 우리는 단지 그 폭을 무시하여 '선분과 같은 것'을 보고 있을 뿐이다. 선분에 폭이 있으므로 삼각형이라고는 생각하지 않을 것이다.

▲ 소크라테스

　국경선을 생각해 보면 더 쉽게 알 수 있다. 우리는 보통 나라와 나라의 경계를 선이라고 생각하고 있다. 그러나 이 선에는 폭이 있으므로 가끔 하천 가운데 있는 섬을 둘러싼 국경 분쟁이 일어나기도 한다.
　즉, 우리가 삼각형이라고 생각하고 있는 것은 단지 '삼각형으로 간주할 수 있는' 것에 지나지 않는다. 그러면 왜 우리는 진정한 삼각형을 알지 못하면서 삼각형에 대해 생각하거나 삼각형으로 간주할 수 있는 것을 그릴 수 있을까? 이 물음에 대한 하나의 답은 삼각형이 단순한 말[약속, 결정]이라는 것이다. 그런데 또 한 가지, 눈에 보이지는 않더라도, 사실은 진정한 삼각형[삼각형 그 자체]이 어디엔가 있다는 사고도 성립한다. 이것이 이데아라는 발상법의 기본이다.
　이데아라는 말은 유럽어 계보에서 관념이나 이념이라는 말의 기원이지만, 플라톤은 이 이데아idea[1]가 단지 우리의 머리 속에 있을 뿐이라고

---

1. 이데아idea

이데아 또한 철학사를 지배한 말이다. 관념(영어로 아이디어)·이념은 플라톤의 이데아와는 의미가 조금 다르나, 이데아의 현대어이다. 이데아를 세계의 원리로 생각하는 입장을 관념론이라 한다. 이데아의 어원은 형상과 같은 '보이는 것', '모습'의 의

는 생각하지 않았다. 피타고라스 학파가 수가 이 세계의 질서로서 먼저 있었다고 생각했듯이, 플라톤은 이데아가 먼저 있고 나서 우리의 머리 속에 떠오른다고 생각했다. 즉, 플라톤에게 있어 이데아란 객관적인 존재였다. 이렇게 생각해 가면, 이데아란 파르메니데스가 구했듯이 변화하지 않는 것이며, 또 나눌 수도 없는 형태를 갖고 있는 것이다. 즉 세계의 아르케인 것이다.

플라톤의 이데아론이 확립되어 있다는 『파이돈 Phaidon』(플라톤의 중기 대표작 가운데 하나. 소크라테스의 재판에서 죽음까지를 다루며, 영혼의 불멸과 이데아란 무엇인가를 주제로 하고 있다)에는, 소크라테스의 영혼에 대한 사상이 다음과 같이 서술되어 있다.

> 소크라테스 : 그러면 이번에는 지식의 획득이라는 사항…… 도대체 보는 것, 듣는 것이란 인간에게 무엇인가 진실을 가르쳐 주는 것일까? (가르쳐줄 수 없다는 대답이 나온다. 왜냐하면 우리는 보거나 듣거나 하여 판단할 때 종종 착각을 하기 때문이다. 그리고 진실은 단지 사유에 의해 얻어질 수 있다는 결론이 나온다)

미로, 철학사 가운데 정말로 있는 '모습'이라는 의미를 갖게 된다. 먼저 피타고라스 학파에 의해 진정한 삼각형 그 자체라는 '모습'을 의미하게 되었으며, 소크라테스에 이르러 윤리적인 또는 미적인 가치 자체를 나타내게 되었다. 마지막으로 플라톤에 의해 현실 세계를 넘어 그것의 근거가 되어 있는 원형이라는 의미를 갖게 되었다.
근대에는 이데아에 인간의 관념이라는 의미가 주어졌다. 제6부에서 말할 영국 경험론의 비판을 통해 이데아가 인간의 사고의 산물이라 생각되었기 때문이다. 우리가 언어를 사용하여 생각할 뿐 아니라 언어에 의지하여 생각하는 것이 가능한 이상, 이 문제는 간단하지 않다. 예를 들면, 인간이 생각해 낸 객관적인 존재는—과학적 법칙이든 화폐이든 국가든 간에—마치 실재하는 것으로 우리의 생의 근거이듯이 작용하기 때문이다.

소크라테스 : 그런데 그 사유라는 것은…… 영혼이 육체를 떠나 될 수 있는 대로 영혼 그 자체가 되어, 육체와 상관하지 않고 오직 존재 자체에 다다르고자 할 때야말로 가장 잘 이루어지는 것이 아닐까? (그러므로 철학자의 영혼은 순수하게 영혼 그 자체가 되고자 노력한다)

소크라테스 : 그렇다면 심미아스, 이것은 어떨까?―우리는 '정의'라는 것이 그 자체로 있다고 주장할 수 있을까? 아니면 그런 것은 없는 것일까?

심미아스 : 제우스에게 맹세코, 분명히 있다고 주장합니다!

소크라테스 : 그러면 그런 것 중 뭔가를 자네는 지금까지 눈으로 본 적이 있겠지? (없다는 대답이 돌아온다.)

소크라테스 : 그러면 지금 말하려 하는 것은 예를 들면 '개'라든가 '건강'이라든가 한 마디로 그 밖의 모든 것에 대해 각자 존재의 본래적인 것(우시아 ousia 실체), 즉 '각자가 바로 그것인 것'을 문제로 하고 있는 것이네. 그런데 신체 기관을 통해 그것들이 갖는 궁극적으로 진실한 모습이 파악될 수 있을까? (이 '그것'은 순수한 사유에 의해 가능한 한 육체의 방해로부터 벗어남으로써 접근할 수 있다)

플라톤의 저작은 소크라테스를 주인공으로 하고 있어 어디까지가 소크라테스의 사상이고, 어디까지가 플라톤의 사상인지 알기 어렵지만, 대개 중기 이후는 플라톤의 독자적인 사상 전개라고 한다.

앞에 인용한 부분은 사형을 선고받은 소크라테스와 제자의 대화 장면이다. 보통 사람에게 있어 죽음은 피해야 할 것일 뿐만 아니라 두려운 것이기도 하다. 그러나 소크라테스는 죽음을 두려워하지 않았다. 그것은 단지 소크라테스가 용기 있는 사람이었기 때문만은 아니다. 소크라테스에게 죽음이란, 영혼이 육체로부터 해방되는 것이기 때문이다.

철학자의 제1의 관심인 '진리'를 인식하기 위해서는 오히려 육체에 구애받지 않는 것이 바람직하다. 사람은 순수하게 사유함으로써 '진리'의 인식에 접근할 수 있으며, 인간의 영혼에 있어 가장 순수한 상태는 육체로부터 떨어진 상태, 즉 죽음이다. 여기서 우리는 소크라테스-플라톤의 사상에 대한 피타고라스의 큰 영향을 볼 수 있다. 그것은 육체로부터

▲ 플라톤

영혼이 이탈한다는 사상과, 죽지 않는 영원한 것에 대한 동경이다. 그리고 순수한 영혼의 사유에 의해 인식되는 것이 '정의' 그 자체, '선' 그 자체, 즉 이데아로, 소크라테스는 여기에서 '각 존재의 본래적인 것'이라고 바꿔 말하고 있다.

이후 철학사의 최대 관심이 되는 우시아ousia, 實體(철학사의 기본 용어. 변화를 통해 변화하지 않는 것. 감각의 근저에 가로누워 있는 것. 참으로 존재하는 것. 즉, 파르메니데스의 '있는 것'으로, '그것은 참으로 무엇일까?'라는 질문의 대답이 되는 것을 말한다)는 실체라는 의미이다.

'그것(각 존재의 본래적인 것)'이란 무엇일까? 철학사의 흐름으로 말하면, 파르메니데스가 생각했듯이 '있는(존재하는)' 것은 변화하지 않는 것임을 생각해 내도 좋다. 엠페도클레스나 데모크리토스는 이 변화하지 않는 존재를 원소나 아톰이라는 현실적인 존재에서 구하고 있었지만, 소크라테스 – 플라톤은 '정의' 그 자체, '선' 그 자체라는 이데아에서 찾았던 것이다. 현실이 아무리 변해도 삼각형 자체가 바뀔 리는 없다. 우리의 사유 배후에는 변화하지 않는 '정의' 자체, '선' 자체 그리고 플라톤의 말에 따르면, '같음' 그 자체나 '건강' 자체도 있다는 것이다.

『파이돈』에서, 플라톤(소크라테스)은 '같음'의 이데아에 대해 다음과 같이 설명하고 있다. 예를 들면 여기에 똑같아 보이는 물건이 2개 있다고 하자. 나는 이 2개의 물건을 보고 '같다'고 생각한다. 그러나 이 '같음'은 어디에서 오는 것일까? 감각일까? 그런데 다른 사람이 다른 위치에서 보았을 때, 이 2개의 물건은 다르게 보일지도 모른다. 즉 '같음' 그 자체는 감각 속에 포함되어 있지 않다는 것이, 영혼은 불멸한다는 사상으로 연결되는 플라톤의 방법적인 전제였다.

그러면 우리는 어떻게 이 2개의 물건을 '같다'고 생각하는 것일까? 그

▲ 플라톤과 그를 따르는 사람들의 모임

것은 우리가 2개의 물건의 관계를 '같음'과 비교해 보기 때문이다. 이 2개의 물건은 '같을'까 '같지 않을'까 이렇게 생각하고 있을 때, 우리는 '같음'의 이데아를 상기하고 있는 것이라고 플라톤은 말한다. 예를 들면, 플라톤은 '비슷한 것은 비슷한 것에 의해 알게 된다'고 하고 있다. 최초의 '비슷한 것'은 우리가 눈앞에서 보고 있는 것이며, 이 접촉이 동기가 되어 우리는 나중에 '비슷한 것', 즉 이데아 같은 것을 생각해내는 것

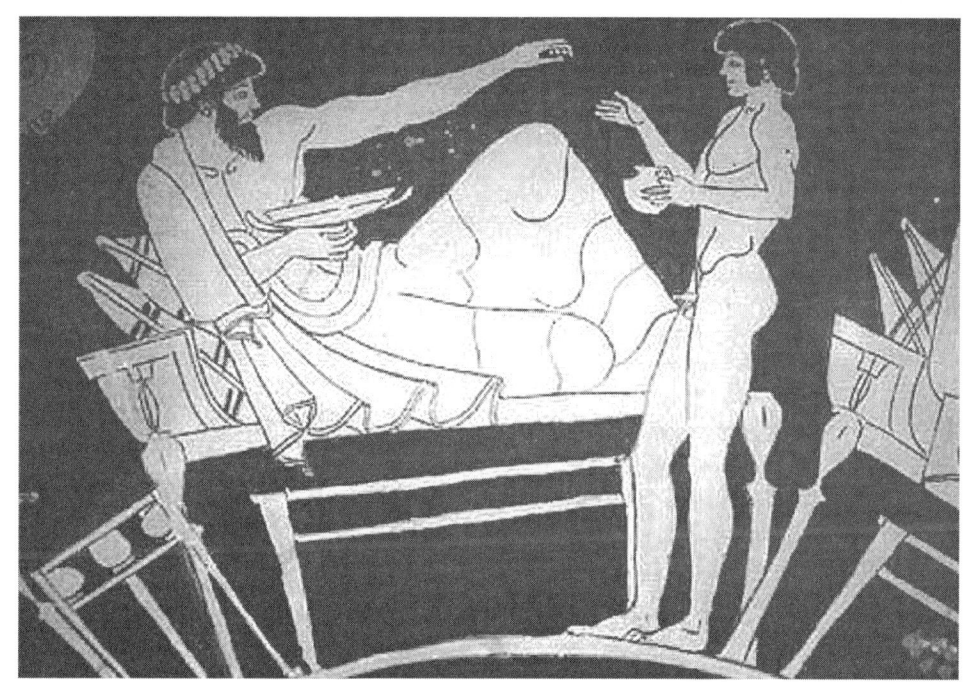
▲ 고대 그리스의 향연

이다. 그러므로 플라톤에 따르면 '아는 것은 생각해내는 것'이다. 또는 다른 장소에서 2개의 물건이 '같은' 것은 '같음'의 이데아를 나누어 갖고 있기 때문이라고 플라톤은 말하고 있다. 최초에 '같음'이 없다면 2개의 물건을 '같다'고 생각할 수도 없다.

여기서 플라톤이 이데아의 문제로 제기하고 있는 것은 현대식으로 말하면, 개념은 판단에 선행한다는 것이다.

예를 들면, 우리는 개라는 말을 모르고는 눈앞에 있는 포인터를 보고 '포인터는 개다'라고 판단할 수 없다는 것이다. 그런데 플라톤 또는 고대 철학자에게 있어, 판단을 할 때에 이데아('같음'의 이데아)가 선행한다는 것은 단지 판단(인식)만의 문제가 아니라, 영혼이 불멸인지 아닌지,

변화하지 않는 존재인지 변화하는 존재인지, 또는 우리의 신체와 소위 현세를 어떻게 생각할 것인지, 그 밖의 여러 문제에 얽히는 것이었다. 철학은 그러한 우리의 생의 깊은 곳에서 생기는 관념 속에서 생명을 얻어 온 것이다.

플라톤(소크라테스)의 이야기는 더 진행된다. 감각에 의해 얻어진 '같음'은 '같음 그 자체'가 아니다. 그것은 감각에 의해서는 '같지 않은' 것을 '같다'고 착각하거나, '같은' 것을 '같지 않다'고 생각하기 때문이다. 이것을 플라톤은 '감각으로 얻어진 것은 모두〈같음〉자체를 동경하고 있으나 미치지 못하는 곳이 있다'고 했다. 앞서 우리는 이데아를 '상기'한다고 했으나, 우리의 살아 있는 몸 안에서 상기되는 것은 이데아 자체가 아니다.

그러면 이데아는 어디에서 오는 것일까? 이 이데아의 기원이 영혼 불멸 사상과 연결되어 있다. 감각은 불완전한 것이다. 그러나 우리는 태어나자마자 감각을 하기 시작한다. 철학은 순수하게 사유하기 위한 훈련이지만, 철학 그 자체였던 사람은 없다. 그러나 우리는 '같음'의 이데아를 상기한다. 만일 현세에 있는 우리의 삶이 감각의 속박을 벗어날 수 없다면, 우리는 어디에서 이데아를 '상기'할 수 있을까? '태어나기 이전'이라는 것이 플라톤의 대답이었다.

소크라테스 : 지금까지 말한 것에서 이제 그 결론을 생각해 보세. 한 편에서는 신적이며, 영원하며 지성만이 관련될 수 있는 것 즉 일자─인 형상[플라톤은 이데아와 형상(131쪽 참조)을 별로 구별하지 않고 쓰고 있다]만을 갖고 있는, 분리·해체를 할 수 없는, 항상 그것이 있음으로 해서 자기 동일

성[2]을 갖는 것이 존재한다네. 영혼은 그런 것과 가장 유사한 것이지. 다른 한편으로는 인간적인 것 외에는 없는 것, 죽을 수밖에 없는 것, 일자를 가질 수 없는 것, 분·해체되는 것, 그리고 잠시도 동일성을 유지할 수 없는 것이 있나네. 육체가 바로 그런 것과 가장 유사한 것이네(『파이돈』).

소크라테스가 말하고 있는 것에서 전반부는 이데아—변화하지 않는 것—영혼을, 후반부는 현세—변화하는 것—육체를 의미한다. 영혼이 이와 같이 변화하지 않는 영원의 것에 관계하는 이상, 이 변화하는 육체로부터 영혼이 떨어진다(죽음)고 하여 영혼이 소멸할 리는 없지 않을까? 이것이 소크라테스가 죽음에 이르렀을 때 말한(말했다고 플라톤이 썼다) 영혼의 영원성에 대한 확신의 근거이다. 철학자에게 있어

▲ 디오니소스와 폼페 및 에로스

---

2. 자기 동일성 自己同一性

자기 자신과 어긋남이 없는(같은) 성질. 현대식으로 말하면 identity를 갖는 것. 그러나 변화하는 것은 어느 때 자기 동일성을 갖고 있다고 해도, 곧 이 자기 동일성은 무너지고 만다. 그러므로 항상 자기와 같은 것이란 변화하지 않는 것, 즉 이데아이다.

▲ 플라톤

죽음은 오히려 열망해 왔던 것이다.

그리스 문화 가운데는 인간에게 '죽을 수밖에 없는 것'이라는 별명을 붙인 것도 있었다. 여기서부터 영혼 불멸을 원한 디오니소스교나 오르페우스교 등의 종교 사상이 발생했는데, 소크라테스-플라톤은 그것을 우리가 어떻게 하여 2개의 물건을 '같다'고 생각할까라는 인식의 문제까지 묶어 철학으로 완성시켰다.³

플라톤에게 있어 이데아의 세계란, 영혼의 고향이며 영혼이 돌아가는 영원한 장소였다. 왜냐하면 영혼은 변하지 않는 영원한 진리 또는 죽지 않는 진정한 것을 동경하지만, 이데아('아름다움 자체'에서 '같음 자체'까지)

---

3. 즉, 인식론의 등장이다. 존재론은 '있다(존재하다)'란 무엇인가에 대한 철학이나, 인식론은 우리들이 '어떻게 하여' 진리를 알 수 있을까 혹은 인식할 수 있을까라는 철학이다. 철학은 제1부에서 말했듯이 존재론으로 시작했다. 그러나 왜 철학자들은 진리를 파악할 수 있을까? 예를 들면, 탈레스는 매우 현명한 사람이며, 피타고라스는 신에 가까운 사람이었다는 대답밖에 나오지 않는다. 소크라테스와 플라톤은 그 대답을 말 가운데서 구해 간다. 여기서 말이 우리들만의 것이 아니라, 나와 너의 것이라는 것이 중요해진다.
그렇다고 플라톤의 철학이 단지 '어떻게 하여' 인식할 수 있는지만을 다루었던 것은 아니다. 이미 파르메니데스는 '사유와 존재는 동일하다'는 사상을 제기하고 있었다. 즉, 진실로 존재하는 것은 우리가 진실로 사유할 수 있는 것이며 말로써 생각할 수 있는 것이라는, 철학의 기본적인 모티브가 완성되고 있었던 것이다.

는 변화하는 일 없이 진리로서 있을 것이기 때문이다.

철학이란 단지 우리가 이 세계나 인생을 생각한다는 것뿐만 아니라, 죽지 않는 것, 신적인 것을 동경하는 우리 마음의 움직임까지를 포함해 성립한 것이다. 이데아란 우리의 사유가 필요로 하는 개념일 뿐 아니라, 우리의 존재를 근거 있게 하는 것이며 우리의 영혼이 동경하는 것이다. 철학이란 우리의 사유 가운데서 나타나는 것(상기되는 이데아)을 매개로 하여, 일찍이 올림포스의 신들과 인간 사이에 만들어진 담을 넘기 위한 것이었다. 그래서 플라톤은 '모든 아름다운 것은, 〈아름다움(아름다움의 이데아)〉에 의해 아름답다. 큰 것을 크게 하는 것은 〈큼(크다의 이데아)〉밖에는 없다'고 생각했다. 그리고 이데아는 사유, 즉 로고스의 활동에 의해서만 분명해진다.

피타고라스가 등장한 이래로 눈에 보이지 않는 것이 철학의 주제가 되었다. 그리고 파르메니데스에 의해 진정한 존재는 변화하지 않으며 부분을 갖지 않는 하나인 것으로 파악되었다. 이 계열을 인수받아 소크라테스와 플라톤에 의해 변화하지 않는 이데아가 눈에 보이는 이 세계의 배후에 있다고 생각되었다.

이데아는 변하지 않는 이 세계의 아르케라는 점에 있어서는 피타고라스의 수와 다르지 않으나, 우리의 '언어'로 더 확실하게 구할 수 있는 것이다.

철학은 다양하게 보이는 이 세계의 배후에 있는 진짜 존재를 구하고자 출발했는데 그것을 로고스에서 구했던 것이다. 성서에 '처음에 로고스가 있었으니'라는 문구가 있듯이, 로고스란 우리가 있고 나서 생긴 것은 아니다. 최초에 로고스(이데아)가 있고 나서 세계가 생겨난 것이었다. 철학의 임무는 이 육체라는 사슬로부터 우리들의 영혼을 해방시키는 일, 즉 '죽음의 연습'이었다.

"너 자신을 알라"

2. 소크라테스와 소피스트

『파이돈』은 소크라테스가 독약을 마시고 죽는 장면에서 끝나고 있다. 소크라테스의 죽음은 '악법도 법이다'는 문구로 유명해졌으나, 플라톤이 『파이돈』에서 말하려 한 것은 '철학자의 죽음'이었다. 말하자면 『파이돈』이란 스승 소크라테스의 죽음이라는 청년기의 중대한 사건에 대한 제자 플라톤의 철학적 해답이었다. 그러면 소크라테스는 어떤 상황에서 죽음을 선택한 것이었을까?

플라톤이 태어난 해는 아테네 황금기의 지도자 페리클레스 Perikles (BC 495?~BC 429)가 죽은 지 2년이 지난 때였다. 페리클레스는 아테네의 정치가인데, 민주파의 지도자로 30년 동안 아르콘(아테네의 집정관) 자리에 있었다.

페리클레스의 지도 아래 아테네는 고대 민주 제도를 완성시켰으며 문화도 매우 발전했다. 대외적으로는 페르시아 전쟁의 승리로 아테네는

▲ 페리클레스

델로스 동맹(그리스 여러 도시 간의 연합)의 맹주가 되었으며, 그 금고를 자유롭게 이용할 수 있었다는 황금기였다. 파르테논 신전도 페리클레스 시대에 건설되었다. 이처럼 아테네는 페리클레스의 지도 아래 그리스 여러 도시의 맹주로서 미증유의 정치적, 문화적 번영을 누렸다. 그러나 페리클레스가 죽기 직전에 숙적 스파르타와의 28년에 걸친 펠로폰네소스 전쟁(BC 431~404) 때문에 황금시대가 기울기 시작했다.

펠로폰네소스 전쟁은 페리클레스의 말년, 그리스 여러 도시의 다른 한편인 스파르타와 아테네 사이에 일어난 전쟁이었는데, 이 전쟁에서 패한 아테네는 그리스 여러 도시에 대한 패권을 상실했다. 펠로폰네소스 전쟁을 기화로 그리스의 번영도 하강선을 긋게 되었다. 소크라테스가 활동한 것은 그런 황혼의 시대였다. 당시는 페리클레스가 완성한 민주 제도[4]의 폐단이 드러났기 시작한 때이기도 했다.

---

4. 아테네의 민주 정치는 전 시민이 참가하는 민회로, 추첨에 의해 중요한 관직이 결정되는 철저한 것이었다. 나중에 보게 되듯이 재판조차도 시민의 손에 의해 판결이 이루어졌다. 그러나 그것 때문에 민중 선동가가 배출되고, 아테네의 민주 정치는 매우 혼란해졌다.

▼ 파르테논 신전-기원전 450년경에 건설, 도리아식 신전, 아테네 아크로폴리스

중요 공직은 인기 투표의 대상이 되어 말을 잘하는 사람이 뽑히고 유능한 인물이 인정받지 못하기도 했다. 이것이 소위 '중우 정치' 시대로, 당연히 '귀족파'는 이러한 민주제의 현상에 반발했다. 민주주의파와 귀족주의파 간 항쟁의 와중에 소크라테스와 젊은 플라톤이 활동했다.

소크라테스는 당시 아테네에서 사람들에게 대화를 하면서 돌아다녔다. '너 자신을 알라'는 너무나도 유명한 문구로, 소크라테스는 당시 현실주의적인 아테네 사람들 가운데 가장 신비적이고 이상주의적인 인물이었다. 소크라테스는 종종 신 다이몬daemon[5]의 소리를 들었다고 하여 델피의 신탁[6]을 믿고 있었다.

소크라테스는 『소크라테스의 변명』에서 '소크라테스 이상의 지자智者는 없다'는 신탁을 들었을 때의 놀라움에 대해 말하고 있다. 자신의 무지를 자각하고 있던 소크라테스는 신의 말을 의아히 여겨 당시 지자로 칭송받던 여러 인물을 만나 보았지만, 그들로부터 알게 된 것은 자신이 지자라고 여기던 이들이 사실은 아무것도 모른다는 사실이었다. 이리하

---

5. 다이몬 daemon
그리스어 다이몬 daimon에서 유래하여 초자연적, 영적존재자를 의미한다. 그리스의 전설적인 시인 호메로스의 경우도 다이몬을 '신', '신의 힘'이란 의미로 사용했다. 참고로 수호령과 같은 관계일 경우에는 에우다이몬 eudaimon, 나쁜 관계가 되면 카코다이몬 kakodaimon이라는 표현이 있다.

6. 델피의 신탁神託, Delphic Oracle
고대의 점은 어떤 특정한 질문에 대한 신의 응답, 즉 신탁(그리스어로 만테이아 manteia)을 하는 것이었다. 특히 파르나수스 산 기슭에 위치한 델피가 세상의 중심이라는 믿음과, 아폴로 신에게 바쳐진 곳이었기 때문에 신탁은 주로 델피의 아폴론 신전에서 이루어졌다. 아폴로는 정확한 예언자였기에 값비싼 공물을 받는 대가로 신탁을 구하는 사람에게 응답을 내려주었다. 그리스 세계에서 델피의 신탁의 권위는 애매모호함으로, 아직까지도 높은 도덕적 교훈의 원천이 되고 있다.

▲ 델피의 아폴론 신전

여 소크라테스는 '소크라테스 이상의 지자는 없다'는 신탁의 의미를, 소크라테스 자신이 아무것도 알지 못한다는 것을 다른 사람보다도 잘 알고 있다는 의미라고 해석했다.

왜, 다른 많은 지자들이 사실은 아무것도 모르는 것이라는 것일까? 예를 들면 자신은 덕에 대해 잘 알고 있다고 자만하고 있던 메논이 덕이 무엇인지 묻는 말에 '남자의 덕은…… 여자의 덕은…… 하인의 덕은……' 하며 득의만만하게 말하자, 소크라테스는 어떠한 덕에도 공통된 '바로 덕 자체'란 무엇이냐고 되묻고 있다. 소크라테스가 말하는 '진정한 지식'이란 '……그 자체'에 대한 지식이며, '너 자신을 알라'라는 문

▲ 소크라테스

구는 사실은 '그것이 진짜 무엇인가'를 모르면서 이것 저것을 알고 있다고 생각하는 자기 자신의 무지를 알라는 의미였다.

즉 소크라테스는 혼란스러운 시대가 언제나 그랬듯이 이상의 상실과 상대주의적인 도덕관 속에서 인간의 삶과 도덕에 대한 절대적인 규범을 구하려 한 사람이었다. 소크라테스는 책을 한 권도 쓰지 않았다. 대신 길거리나 공원, 체육관에서 많은 사람들과 특히 청년들과 '경건', '용기', '덕' 등의 주제에 대해 대화했다.

이 대화를 소크라테스는 산파술産婆術이라고 했으며, 그것은 변증법의 기원[7]이 되었다. 소크라테스에게 있어 철학이란 어떤 지식을 선전하는 것이 아니라 사람들이 젖어 있는 일상적인 사고를 무너뜨려 '보다 잘 살기 위한 진정한 지식, 에피스테메episteme 로 이끄는 것이었다.

---

7. 변증법dialectics
변증법은 대화·문답의 기술이라는 의미다. 상대의 주장에서 그것과 모순되는 결론을 끌어내기 위한 기술이며, 그 기원은 파르메니데스의 제자 제논이라 한다. 소크라테스에 의해 변증법은 상대가 알고 있다고 하는 것의 모순을 지적해, '진실된 지식'을 끌어내기 위한 방법으로 이용되었다. 이 방법에서 중요한 것은 소크라테스가 일방적으로 지식을 주는 것이 아니라, 소크라테스의 물음을 실마리로 하여 상대가 자신의 힘으로 진정한 지식에 도달한다는 점이다.
이와 같은 대화의 방법으로서의 변증법 외에, 존재의 모습 속에서 변화와 발전을 보는 관찰 방법도, 변증법적이라고 한다. 우리가 제1부에서 본 헤라클레이토스는 그와 같은 변증법의 기원이라고 한다.

에피스테메란 이성이나 사유에 의해 획득된 변하지 않는 진정한 실재에 대한 지식을 말한다. 플라톤은 우리들의 지식 가운데 감각에서 유래하는 지식, 억견臆見(일상적 사고)과 비교하여 이 말을 사용했다. 이와 같은 소크라테스와 플라톤의 사상적인 적은 소피스트[8]들이었다.

소피스트란 원래 현인이라는 의미였으나, 나중에 지식을 전하고 사례를 받는 선생을 의미하게 되었다. 특히 그들이 가르친 것은 변론술이었다. 당시 아테네에서 변론이 뛰어나다는 것은 보다 좋은 공직에 오르거나, 재판에 승리하는 지름길이었기 때문이었다.

소피스트들은 변론술의 선생으로서 상반된 주장을 하는 어느 편을 위해 변론을 해도 이길 수 있었다. 물론 그것은 극단적인 예지만 지식을 일종의 기술로 다루는 그들에게는 진리가 바로 상대적인 것으로서 사람들에 따라 다른 것으로 비쳤을 것이다.

소피스트의 대표적인 철학자라고 할 수 있는 프로타고라스 Protagoras

---

8. **소피스트** sophist
소피스트는 '덕의 선생님'이었다. 여기서 '덕'이란 오늘날 말하는 일반 교육으로, 그들은 문법학, 논리학, 수사학(변론학), 윤리학, 정치학 등의 학문을 가르쳤다. 아테네의 청년들로부터 가장 존경받고 있던 프로타고라스는 소크라테스에게 다음과 같이 대답하고 있다.
'나에게 배우는 것은 가정에 대한 양식良識 즉, 어떻게 하면 자신의 가정을 가장 잘 다스릴 수 있는가 하는 것, 또 폴리스에 대한 양식 즉, 어떻게 하면 국가와 사회에 관한 사항을 가장 잘 행하고 논할 수 있는가 하는 것이다.'(『프로타고라스』)
즉, 소피스트들은 지식을 이오니아 자연학의 코스몰로지cosmology(우주관)로부터 현실 사회에 대한 학문으로 끌어내렸다. 속되게 말하면, 그들은 하우 투how to 유형의 원조이다. 그리고 번영하는 제국주의라는 시대 상황에 있어서, 소피스트들의 융성과 오늘날의 하우 투 유행은 비슷하다. '변증법적'으로 말하면 소피스트들이 지식을 인간의 영역으로 되돌린 것이, 소크라테스로 하여금 인간에 관한 절대적인 것, 즉 진정한 덕에 대한 질문을 하게 한 것이다.

[(BC 485?~BC 414?) 소피스트의 대표적인 철학자. 페리클레스와도 친교를 맺었고, 당시 가장 유명한 철학자(교육자)였다는 '만물의 척도는 사람이다'라고 하여, 진리의 상대주의를 주장하고 있었다. 즉, '정의'이든 '아름다움'이든, 그 진리는 보는 사람에 따라 달라질 뿐이다. 그러므로 소피스트들은 무엇이 인간에게 유용한지를 중시했다. 그들은 현실주의적인 정신의 소유자로, 소크라테스가 광신적으로 절대적인 진리를 구했던 것은, 그들에게 광인의 망상으로 비쳤음에 틀림없다.

그러나 아테네의 제국주의적인 번영 속에서 후기의 소피스트들은 '검은 것을 흰 것이라 구슬리는' 설득의 기술로 흘러 여러 가지 궤변적인 논리를 만들어 내, 아테네의 정신적인 해체에 박차를 가하게 되었다. 소피스트들과 소크라테스의 사상적 대립은 진리를 상대적인 것으로 볼

▲ 프로타고라스의 가르침

것인지, 아니면 절대적인 진리를 구할 것인지의 대립이었다. 아마도 소크라테스의 눈에는 소피스트들이 진정한 도덕을 파괴하는 궤변의 무리로 비쳤을 것이다. 물론 그런 경향도 있었다. 하지만, 소피스트들이 추구했던 것이 실제적인 지식이었던 것에 반해, 소크라테스는 절대적인 지식 '…… 그 자체'에 대한 지식을 구했다는 것이 더 큰 차이였다. 다른 관점에서 본다면, 아테네의 민주제의 혼란 속에서 현실주의적으로 행동했던 사람들이 소피스트들이었으며, 잃어버린 이념을 철학 속에서 구하고자 한 사람이 소크라테스라고도 할 수 있다.

이러한 소크라테스의 물음은 많은 청년들을 끌어모았으나, 반면에 무지를 지적받은 사람들로부터의 반감도 샀다. 기원전 339년에 소크라테스는 '국가가 인정한 신을 인정하지 않고, 기묘한 신을 제사 지내며 청년들을 타락시켰다'는 죄로 아테네의 법정에 고발되어 배심 제도에 의해 구형대로 사형을 선고받았다.

당시 아테네의 재판은 시민에 의한 배심 제도였다. 먼저 유죄인지 무죄인지를 결정하는데, 유죄로 정해지면 그 다음으로 원고와 피고가 각자 형을 신고하게 된다. 소크라테스는 281 대 210이라는 작은 표차로 유죄로 결정되었다. 원고는 사형을 구형했으며, 소크라테스는 일체의 흥정을 무시하고 약간의 벌금을 신고했다. 그 결과 시민들은 소크라테스에게 사형을 선고했다. 소크라테스의 제자들은 소크라테스에게 국외로 도망할 것을 권했으나, 소크라테스는 "악법도 법이다"라고 말하며 스스로 독약을 들이켰다. 그 배경에는 아테네의 항복 후 스파르타의 후원자가 된 귀족파의 30인 정권 간부와 소크라테스가 친했다는 이유가 있었다고 한다.

당시 30인 정권은 펠로폰네소스 전쟁에서 아테네의 패배와 함께 스파르타의 무력을 배경으로 아테네의 권력을 잡은 귀족파 정권으로, 공포정치를 강행했기 때문에 겨우 1년만에 민주파의 손에 의해 뒤집혀지고 말았다.

사실 이 30인 정권의 우두머리 크리티아스는 플라톤의 친척이었으며, 플라톤의 숙부도 이 정권에 참가하고 있었다. 소크라테스도 이 정권의 간부 중에 친구가 있었다. 이와 같은 귀족파와 민주파의 항쟁을 배경으로 소크라테스의 고소가 이루어졌던 것이다.

당시 28세 정도였던 청년 플라톤에게 있어 '정의로운 사람' 소크라테스가 국법의 이름으로 사형된 것은 충격적인 사건이었다. 『파이돈』의 마지막은 "이것이 소크라테스, 우리의 친구이며 우리가 알 수 있는 한 당대 제1인자라고도 할 수 있는, 그 중에서도 특히 지혜와 정의에 있어서 다른 사람과 비교할 수 없는 이의 마지막이었다"라는 아름다운 말로 끝맺고 있다. 아네테는 그런 사람을 사형시켰다. 이리하여 플라톤은 편력을 마친 후 초기의 대화편을 저술하게 된다. 플라톤의 이데아에 대한 사상이 이와 같은 혼란스러운 현실 속에서 생겼음을 기억해 두자.

▲ 독배를 마시는 소크라테스

3. 플라톤의 이데아론

이데아 세계에의 동경

플라톤 시기까지도 아직 철학은 사물의 진실에 대해 논리로만 설명하지는 않았으며 뮈토스mythos(신화·이야기)의 형식을 빌어 설명하는 것도 있었다. 뮈토스는 일반적으로 설화·우화·신화와 같이 구전되는 것을 의미한다. 로고스와 뮈토스를 비교하면, 로고스는 듣는 사람에게 판단이나 비판을 허락하는 데 반해 뮈토스의 진리는 단지 말하는 자의 안에 있다. 엄밀성을 구했던 아리스토텔레스는 뮈토스를 경멸했으나, 플라톤은 로고스와 뮈토스를 적절히 분간해서 쓰고 있었다.

이데아(진정한 실재)의 세계는 현세의 인간에게는 도저히 말하기 어려운 것이었기 때문에 플라톤은 뮈토스를 통해서 그 진리를 전하려 했다. 『파이드로스Pharidros』에서 플라톤은 이데아의 세계에 대해 말하고 있다.

　제우스에 의해 인솔된 신의 대열은 천구를 뛰어돌아, 천구의 끝을 떠받치고 있는 둥근 천장을 올라가 천구의 밖으로 나아간다. 그곳이 이데아의 세계이다.

　1부에서 우리는 2개의 물건이 '같음'을 인식할 때 '같음'의 이데아를 상기한다는 플라톤의 사고를 보았다. 영혼은 신의 대열을 뒤따라 역시 하늘 밖의 세계(이데아의 세계)를 보려고 한다. 그런데 영혼은 날개를 갖고 있는 기사와 날개가 있는 두 마리의 말—좋은 말과 나쁜 말—로 되어 있다고 플라톤은 생각했다. 영혼은 하늘 밖으로 가려 하는데, 말을 잘 몰 수 있는 영혼은 이데아의 세계를 살짝 보고 말을 잘 몰 수 없는 영혼은 지상으로 떨어져 인간의 육체에 머문다. 이때 살짝 본 이데아의 세계를 우리는 '상기'하는 것이다. 사랑도 광기[9]도 육체라는 사슬에 묶인 영혼의 동경 때문에 생긴다.

영혼에 관한 이야기는 여기서 끝나지 않는다. 지상에 떨어진 영혼 중에서 이데아를 가장 많이 보았던 영혼은 지식을 추구하는 사람, 아름다움을 추구하는 사람, 음악을 추구하는 사람, 사랑을 구하는 사람 즉, 이 세계에 없는 것을 추구하는 사람들 가운데 머문다. 두 번째는 왕들 가운데, 세 번째는 정치에 종사하는 사람들이나 재산을 이루는 사람들 가운데…… 그리고 일곱 번째는 장인이나 농부, 여덟 번째는 소피스트나 민중 선동가 속에, 마지막 아홉 번째는 참주tyrannos 가운데 머문다.

여기서 참주는 폭군tyrant의 어원으로, 귀족제의 동요기에 나타나 평민

---

9. 사랑eros과 광기
『파이드로스』는 사랑을 주제로 한 아름다운 작품이다. 사랑의 광기는 어디에서 올까? 플라톤에 따르면, 사람은 세상의 아름다움을 보고, 일찍이 살짝 본 아름다움 그 자체(아름다움의 이데아)를 상기한다. 그 즐거움은 대단해서 사람은 천상의 세계로 비상하려고 하지만, 육체를 갖고 있기 때문에 불가능하다. 그 결과 사람은 하계下界의 일을 소홀히 하므로 광기라는 비난을 받는다. 델피의 무녀나 도도메의 성녀들은 미쳤을 때에만 훌륭한 일을 했다고 플라톤은 말하고 있다. 그러므로 플라톤이 말하는 에로스는 성애라고 하기보다 천상에의 사랑이다. 소크라테스도 플라톤도 소년을 사랑했다. 왜냐하면 그것을 순수한 에로스였기 때문이다.

사랑이라고 부르든, 광기라고 부르든 플라톤에게는 이데아의 세계를 생각해 내는 것으로, 세상에서 보면 마음의 동요로 비칠 뿐이다. 이 점이 보통의 합리주의와 플라톤과의 다른 점이다. 예를 들면, 소피스트들은 사랑을 하면 질투가 심해진다고 했다. '아름다움 그 자체'라는 사상은 철학을 열었지만 동시에 사람을 신비로 유혹한다.

플라톤의 이름은 정신적인 사랑(플라토닉 러브)에 남아 있다. 그러므로 젊은 소년·소녀는 플라톤이라는 사람은 몰라도 우리가 육체를 갖고 있다는 플라톤적인 문제에 번뇌하는 것이다.

과 귀족의 대립을 이용하여 비합법적인 독재 정권을 수립한 자를 말한다. 펠로폰네소스 전쟁 이후의 혼란기에는 외국 세력을 배경으로 한 참주까지 나타나, 질서를 사랑하는 플라톤의 멸시의 대상이 되었다.

이 신화적인 영혼의 단계 가운데에서도 우리는 플라톤의 민주제·참주제의 혼란에 대한 혐오와, 순수한 세계에의 동경을 볼 수 있다.

육체(소마soma)에는 묘지라는 의미가 있다. 왜냐하면 육체(신체)는 영혼을 이 세상에 묶는 사슬이기 때문이다. 오르페우스교에서 시작하는, 영혼과 육체를 완전히 다른 것이라고 생각하는 사상을 영혼과 육체의 이원론이라 하며, 근대의 정신과 자연의 이원론(제5부 데카르트와 명석한 정신 참조)의 기원이 된다. 그러므로 육체란 묘지이며, 이데아의 세계를 가장 잘 보았던 사람들인 철학자가 육체가 없는 영혼의 세계를 가장 동경하는 사람들인 것이다. 플라톤은 "단지 지식을 구하는 철인哲人의 정신만이 날개를 갖는다"고 말하고 있다. 당시의 혼란 속에서 이데아의

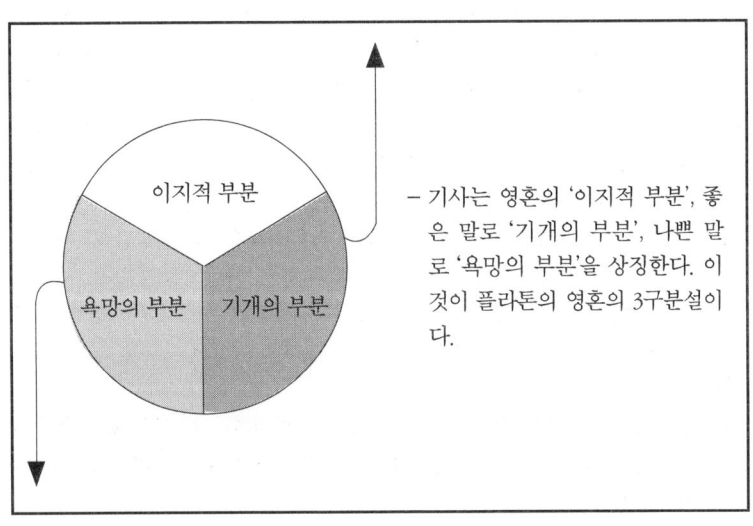

— 기사는 영혼의 '이지적 부분', 좋은 말로 '기개의 부분', 나쁜 말로 '욕망의 부분'을 상징한다. 이것이 플라톤의 영혼의 3구분설이다.

세계는 단지 철학적으로 요구되었을 뿐만 아니라, 혼란스러웠던 지상을 대신하는 천상(이데아)의 왕국이라는 색채를 띠고 있었다.

동굴의 세계

그러나 이와 같이 이데아의 세계가 영혼의 고향이라면, 왜 사람은 태어날 때부터 이데아의 세계를 잊어버리는 것일까? 플라톤은 유명한 '동굴'의 비유를 들어 설명한다. 플라톤에 따르면, 보통 인간은 태어나면서부터 동굴 속에서 뒤를 볼 수 없도록 머리가 고정된 죄수와 같다. 이 죄수 뒤에는 등불과 인형극과 같은 장치가 있어 돌이나 나무나 인형의 상을 사람들이 옮기면 그 그림자가 죄수들이 향하고 있는 벽에 비친다. 마치 악몽과도 같은 이야기이다.

이 동굴 속에서 죄수들은 태어났을 때부터 그림자를 보면서 자란다. 그러므로 죄수들은 이 그림자를 실체라고 생각해 그림자 이외의 세계가 있음을 알지 못한다. 근대식으로 말하면, 플라톤이 말하는 죄수(보통 인간)란 태어났을 때부터 영화관 내부밖에 모르는 인간과 같은 것이다. 또는 SF식으로 말하면 우주선 안에 틀어박혀 우주선 밖에 우주가 있음을 모르면서 자란 아이들을 연상하면 좋다.

만일 죄수 중의 한 사람이 포박이 풀려 등불 쪽으로 돌아 등불의 강한 빛을 강제로 보게 된다면, 고통스러워할 것이다. 더구나 동굴을 나와 태양 빛이 찬란한 세계로 나간다면, 처음에는 아무것도 볼 수 없을 것이며, 단지 익숙한 그림자의 세계만을 그리워할 것이다. 그러나 점점 태양 빛에 익숙해지면 이 죄수는 더 이상 그림자의 세계를 실체의 세계

라고는 생각지 않을 것이다. 거기서 다시 죄수는 동굴로 돌아가 나머지 죄수에게 그들이 보고 있는 것이 그림자이며 밖에는 실체의 세계가 있음을 설명한다. 그러나 나머지 죄수들은 밖에서 돌아온 이 죄수가 하는 말을 좀처럼 이해하려 하지 않는다(『국가』에서).

플라톤이 밖의 세계로 비유했던 것은 이데아의 세계이며 그 중에서도 태양으로 비유하고 있는 것은 이데아 중의 이데아인 '선'의 이데아[10]이

---

10. 선善의 이데아
철학사에서 가장 뛰어난 감각은 시각으로, 진리는 종종 빛으로 비유된다. 그것은 철학이, 눈으로 확실한 물체가 보인다는 것을, 언어(로고스)로써 물체를 확실히 인식하는 것과 종합시키고 있기 때문이다.
우리가 눈으로 보고 있는 세계가 동굴 속의 세계라면 이데아의 세계는 상당히 명석한 세계임에 틀림없다. 마치 시각이, 후각이 갖는 그리움이나 포근함, 일체감이라는 것을 잃고 있듯이, 우리도 어두운 정념이 갖는 힘으로부터 해방됨으로써 선의 이데

다.

　동굴 속의 세계란 우리들의 육체가 묶인 채 살아가고 있는 이 세계이다. 밖의 세계를 보고 온 죄수는 철학자가 될 것이다. 이러한 플라톤의 태양과 동굴의 비유의 의미를 이해하려 한다면, 눈으로 본다는 것에 대해 생각해 보면 좋다. 우리는 눈으로 사물을 보고 있다고 생각하는 경향이 있으나, 사실은 태양 빛의 반사를 보고 있을 뿐이다. 눈에 보이는 사물이 사실은 태양의 빛을 받음으로써 우리들에게 보이듯이, 눈에 보이는 세계는 '선'의 이데아—보다 잘하려고 하는 것—에 의해 실재하고 있다고 플라톤은 생각했다. 그리고 빛 자체(이데아의 세계)는 단지 사유에 의해서만 볼 수 있다.

　플라톤의 비유에 따르면 우리는 매우 초라한 세계에서 살고 있는 것이 된다. 이런 사상을 현실 혐오 사상이라고 불러도 좋다. 플라톤은 현실 세계를 혐오하였고, 영혼의 세계를 동경하는 사상을 오르페우스교-피타고라스의 신비주의로부터 계승했다. 세계를 순수한 세계와 눈에 보이는 세계로 나누는 것이 철학이 먼저 도달한 세계의 이분법이며, 이 이분법은 고대 말기의 신플라톤주의를 거쳐 기독교로 계승되어 간다. 그 핵심은 영혼의 불멸 사상이다.

　그리고 피타고라스로부터 플라톤을 거친 사상의 흐름은, 일찍이 신비적으로 파악되고 있던 것을 로고스(논리) 가운데서 구해가는 흐름이었

아에 접근할 수 있다.
그러면 왜 선의 이데아가 다른 모든 이데아의 아르케로서 다른 이데아에 존재의 근거를 부여하고 있을까? 예를 들면 용기란 무엇일까라고 생각했을 때, 용기가 바르게, 또 선한 것을 위해 쓰여지지 않으면 용기가 아닐 것이다. 그것은 용기란 무엇일까라는 물음이 선이란 무엇일까라는 물음을 전제로 하고 있기 때문이다. 이것이 플라톤이 선의 이데아를 다른 모든 이데아의 근원으로 생각했던 이유이다.

다. 우리는 철학이 신비주의와 대립적인 합리적인 사고라는 생각을 하고 있다. 그러나 철학은 그 출발점부터 피타고라스에서 나타났던 신비주의를 언어로써 합리화해 간다. 이 합리화는 아직 플라톤에서는 철저히 되지 않았으나, 플라톤의 제자 아리스토텔레스에 의해 언어의 분석이라는 것으로서 완성되어 간다.

가장 오래된 유토피아 이론

그러나 플라톤은 현실 세계에 대해 사고하는 것을 그만두지는 않았다. 젊은 날의 플라톤의 정치적 정열이 식어 버린 것도 아니었다. 말년의 플라톤은 이데아의 세계에 대한 동경을 지상에 실현시키기 위한 이론으로서 『국가 Politeia』를 저술하였다. 『국가』는 플라톤의 대표작이자 전성기 때인 중기에 씌어졌다. 정의란 무엇인가라는 물음에서 시작하여, 개인의 정의가 확대된 국가에서의 정의에 관한 고찰이 주요 부분을 차지하고 있다. 이 가운데에서 플라톤은 철학자가 국가를 통치해야 한다고 하고 국가의 제도에 대해 여러 가지로 논하고 있으므로 '이상 국가' 이론의 기원이 되었다. 여기서 국가라는 이름에서 연상되는 것은 적당한 크기를 갖는 그리스의 폴리스로, 오늘날의 국가는 아니다. 오늘날의 정치 politics라는 단어의 어원이다.

거기에서 전개되고 있는 것은, 선의 이데아를 이 지상에 실현시킬 수 있는 훈련된 사람들(철학자)이 통치하는 '이상 국가'의 청사진이다. 플라톤의 『국가』는 가장 오래된 유토피아 이론(이상국가)이며 철학적 공산주의 계획이라고 한다.

철학자 플라톤이 꿈꾸는 이상적인 나라는 항상 질서를 중시하는 조용한 세계이다. 그곳은 재산이 공유되고 사람들이 공동 생활을 한다는 의미에서는 공산주의적이나, 올바른 지혜가 있는 사람들에게 지도되어 사람들은 자기 신분에 어울리는 얌전한 생활을 한다는 귀족주의적인 세계이다. 그 비밀은 조화와 질서를 사랑하는 철학자의 영혼 가운데 있다.

유토피아란 그리스어로 어디에도 없는 장소를 의미하며, 토마스 모어 Thomas More의 『유토피아』(1516)에서 공상적인 이상향의 의미를 갖게 되었다. 토마스 모어의 유토피아도 역시 노예가 있는 조용하고 조화를 이룬 세계였다.

소크라테스(플라톤)는 말한다. '우리의 신국가를 건설하려는 자가 해야 해 일'은 '가장 우수한 소질을 갖고 있는 자로 하여금 먼저 최대의 학문이라고 하는 것에 도달하도록, 즉 앞서 말한 것과 같은 상승의 길을 올라가 〈선〉을 보도록 해야 하는 것'이며, 이 사람들에게 '위에서 머무르는 것'을 허용하지 않을 것, 즉 '죄수들과 명예와 고난을 나눠 갖도록 할 것'이다(『국가』).

철학자는 다시 그림자의 세계로 강제로 되돌아오게 된다. 그들은 '정의'를 실현하기 위해 국가를 통치한다. 이 플라톤의 '이상 국가'는 여러 가지로 해석될 수 있는 기묘한 대용물이었다. 먼저 그 나라는 민주제와는 정반대의 아리스토크라티아 aristokratia(보통 귀족제라고 하나, 더 정확히는 철인통치제)라 하여, 통치하는 사람은 철학적 훈련을 받은 수호자들이다. 그러나 한편으로 그들은 사유 재산을 갖지 못하며, 처자를 공유하는 공동 생활을 한다. 그들은 검소한 식사를 하며, 될 수 있는 한 개인적인 감정을 멀리하면서 공공의 정신 그 자체가 되려고 한다.

한편으로 이 국가는 계급적인 국가이다. 플라톤은 신이 수호자에게 금을, 수호자를 보조하는 역할인 군인에게는 은을, 농부나 장인에게는 동이나 철을 혼합시켰다고까지 말한다. 국민은 이 3계급으로 엄밀하게 구분된다. 그러나 동시에 수호자의 자제 중에서도 능력이 모자라는 사

▲ 토마스 모어

람은 탈락되고, 농부, 장인이나 군인의 자제 중에서도 능력이 뛰어난 자는 승진한다. 국가의 최우선적인 일은 이 선별 작업이다.

이리하여 선발된 자들(수호자)은 체육으로 육체를, 수학이나 음악으로 영혼을 훈련시킨다. 영혼에 유해한 영향을 주는 시詩는 추방된다[플라톤의 저작은, 모든 철학적 저작 중에서도 가장 문학적 수준이 높은 저작들 중 하나다. 실제로, 플라톤은 뮈토스(신화·이야기)를 사랑하고 동경하는 사람으로, 그 자질에 있어서는 시인이었다. 그런 플라톤이, 자신이 동경하는 질서는 보다 좋은 상태라는 관념 때문에, '이상 국가'에서 시를 금했다는 것은 하나의 아이러니다]. 수호자들의 임무는 각 계층의 사람이 각자의(예를 들면 도공은 도공의) 계층에 본래적으로 주어져 있는 행복을 향유하도록 통치하는 것이다. 통치하는 자들은 질서를 지키기 위해서는 국민에게 거짓말을 하는 것도 허용되고 있다.

이것이 플라톤의 '이상 국가'의 청사진이었다. 수호자들의 생활은 금욕적인 점에서도, 수학을 중요시한다는 점에서도, 정의의 보수로써 영혼의 불멸을 받는다는 점에서도, 피타고라스 교단을 원형으로 하고 있다. 더욱이 우리의 눈을 근대로 돌리면, 플라톤의 『국가』는 놀랄 만큼 토마스 모어의 『유토피아』와 비슷한(물론 토마스 모어가 플라톤과 비슷하지만) 가장 오래된 유토피아 이야기이다. 금욕적이고 변화가 없는 유토피아, 거기서는 각자가 자신의 분수를 지키며 온건한 행복 속에서 지낸다. 철학적 공산주의는 변화하지 않는 이데아 세계의 이 지상에 있어서의 모습이다.

왜 플라톤은 이와 같은 '이상 국가'의 사상을 갖게 되었을까? 그 근본에 있는 것은 질서보다 좋은 모습이라는 관념이다. 고르기아스Gorgias('변론술에 대하여'라는 주제를 갖고, 소피스트 고르기아스와의 대화에서 시작하여 변론술, 정치, 도덕에 대해 다룬 초기 저작)를 보자.

훌륭한 사람, 즉 최선의 것을 목표로 이야기하는 사람은 어떤 이야기를 하든지 그냥 아무렇게나 말하는 것이 아니라 무엇인가 확실한 목표를 마음에 두고 이야기하는 것이 아닐까? 그것은 어떤 장인의 경우에도 같을 것이다. 즉. 그들 한 사람 한 사람이 자신들이 만들고자 하는 것을 마음에 두고 있어, 그냥 아무렇게나 재료를 골라내어 그것을 자신들의 작품에 맞추고 있는 것이 아니라, 자신들이 완성시키고자 하는 것이 어느 일정한 형태를 갖추고 있는 것처럼 보인다는 의미다. 어떻게 그들 한 사람 한 사람이 자신들 작품의 어느 부분을 정하는데도, 그 하나 하나의 부분을 일정한 질서에 맞추도록 하고 있을까?……(『고르기아스』)

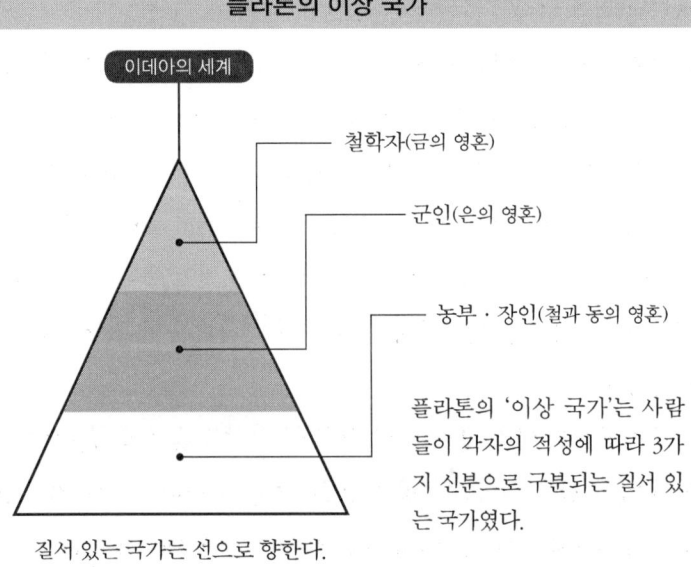

플라톤의 이상 국가

- 이데아의 세계
- 철학자(금의 영혼)
- 군인(은의 영혼)
- 농부 · 장인(철과 동의 영혼)

플라톤의 '이상 국가'는 사람들이 각자의 적성에 따라 3가지 신분으로 구분되는 질서 있는 국가였다.

질서 있는 국가는 선으로 향한다.

이것도 소크라테스의 대화의 한 부분인데, 이 이야기는 질서가 있는 집은 좋은 집이며, 질서 있는 영혼(사려 분별이 있는 영혼)은 좋은 영혼이라는 이야기에 연결된다. 이때는 아직 소크라테스의 영향이 짙던 초기 대화편의 시기로, 플라톤에게 있어서는 보다 좋은 질서야말로 아름다운 것이며 보다 선한 것이라고 할 수 있다. 그리고 질서 없는 현실 세계에 질서를 부여하는 것으로서 이데아의 세계가 요청된 것이었다.

소크라테스의 탄생

BC	
470	소크라테스 탄생
499	페르시아에서의 최종적 승리
	(아테네의 황금기)
431	펠레폰네소스 전쟁 시작
429	페리클레스 죽음
428	플라톤 탄생
404	펠레폰네소스전쟁 종료, 30인정권 성립
403	30인정권 붕괴
399	소크라테스 죽음
	(플라톤의 편력 시대)
387	제1차 시실리 여행, 아카데미아 창설
384	아리스토텔레스 탄생
367	제2차 시실리 여행
361	제3차 시실리 여행
348	플라톤 죽음

그러나 우리는 여기서 이러한 '아름다운 모습'이라는 것이 단지 지어 낸 이야기가 아니라, 당시 그리스의 실제 장인들이 살고 있던 기술적인 세계를 배경으로 하고 있었음에 주의할 필요가 있다. 현실의 모습 배후에 이런 모습을 만들어 내는 것이 있다는 발상은 아리스토텔레스의 제작[포이에시스poiesis(제작)는 무엇을 만들거나 생산한다는 의미의 그리스어로서, 제작에는 목적과 올바른 수단이 없으면 안 된다]이라는 사상으로 발전해 간다. 혼돈의 자연에 형태를 부여하는 것은 인간의 기술적 활동 즉, 자연에 대한 작용이다. 그것과 더불어, 이 혼돈의 현실에 형태를 부여하는 것은 변화하지 않는 이데아라는 사상이 생긴 것이다. 우리는 철학사의 흐름 속에서 피타고라스로부터 시작하는 신비주의적인 요소를 중시한다. 유럽 문명에 있는 신비주의와 근대의 합리주의는 의외로 가까운 관계에 있다.

아카데미아 창설과 시실리 도항

마지막으로 플라톤의 현실에서의 정치적, 교육적 실천에 대해서도 언급해 두자. 12년에 걸친 편력 시대를 이탈리아와 시실리에의 여행으로 끝낸 플라톤은 아테네에 아카데미아Akademeia라는 학원을 세웠다.

이 아카데미아는 기원전 387년에 아테네의 교외에 건설한 학교다. 플라톤 이래 529년 동로마 황제 유스티니아누스에 의해 기독교에 반대하는 이교적 사상의 온상이라 하여 해산을 명령받기까지 오랜 역사를 갖고 있다. 그러나 아주 독창적인 철학은 이 아카데미아에서 생기지 않은 듯하다. 어쨌든 아카데미아는 오늘날의 아카데미의 어원으로, 종교적 색채가 짙었던 피타고라스 교단과 비교하면 최초의 학문 연구 기관이라 해도 좋다. 그 입구에는 "기하학을 모르는 자는 이 문을 들어올 수 없다"고 쓰여 있었다고 한다.

아카데미아는 플라톤이 죽은 뒤에도 1,000년의 역사를 유지하여 유럽의 지적 전통은 여기서부터 시작된다. 그곳에서 실시된 교육의 이념을 플라톤은 '영혼의 방향 전환'이라 했다. 이 현실 세계로부터 이데아의 세계로 청년의 영혼을 돌리는 것이, 아카데미아의 교육 목표였던 것이다. 왜 기하학이 그것을 위해 불가결한 것이었는지는 피타고라스 교단에서

기원전 5세기의 그리스

기하학이 어떤 의미가 있는지를 생각하면 명백해진다.

아카데미아에서의 교육과 함께 플라톤의 생애를 크게 점하고 있는 것은 세 번에 걸친 시실리 여행이었다. 첫 번째 여행에서 플라톤은 남이탈리아를 본거지로 하는 피타고라스 학파의 사상에 접하고, 열렬한 제자 디온을 얻었다. 당시의 상국 시라쿠사 왕국의 참주 디오니시오스 1세의 의제였던 이 청년은 나중에 플라톤의 인생을 크게 뒤바꾸어 놓았다. 기원전 367년 디오니시오스 1세가 죽고 젊은 아들 디오니시오스 2세가 즉위했을 때, 디온은 시라쿠사 왕국의 실권을 잡는다. 공상적인 플라톤의 '이상 국가'가 실현될지도 모르는 기회가 찾아온 것이다. 더구나 시라쿠사 왕국은 그리스의 식민 도시 중에서도 유수한 강국이었다. 철인 정치를 실현시키기 위한 가장 빠른 길은 왕에게 철학을 충분히 가르치는 것이다. 그러나 왕들은 대개 철학 같은 것에는 흥미를 갖지 않았으며, 디오니시오스 2세도 그 예에서 벗어나지 않았다

디온은 '철학과 대국의 지배권이 동일한 인물에 의해 함께 되는' 것을 꿈꾸어, 젊은 참주의 교육을 위해 플라톤을 시실리로 불렀다. 이미 60세가 된 플라톤은 벌어질 상황에 비관적이었지만, '말만하는 무리'가 되는 것이 싫어 시실리로 건너갔다고 한다. 디오니시오스 2세는 철학에 정말로 흥미가 없었으며, 디온은 반대파와의 싸움 중 체포되고 말았다.

세 번째 도항은 이미 뻔한 일이었다. 철학에 변덕스러운 흥미를 느꼈던 디오니시오스 2세의 초대에 못이겨 플라톤은 세 번째로 시실리를 방문했지만, 이번에는 플라톤 자신이 죽음의 위기에 처했을 뿐이었다.

철학이 아무리 저편의 것을 그리워한다 해도, 철학은 현실 역사의 동향과 깊은 관계가 있다. 마치 소크라테스나 플라톤의 철학이 폴리스의 이념이 쇠퇴해 가는 것을 철학으로 복귀시키려는 의도를 갖고 있었던

것처럼. 그러나 이념을 다시 이 지상에 되돌려 실현시켜가려는 철학과 정치의 관계는 플라톤의 좌절 이래 영원한 것이 되고 말았다.

3. 아리스토텔레스의 체계

아리스토텔레스는 플라톤처럼
현실 저편에서 이데아의 세계를 구하지 않고,
이 세계를 말로 해석하고 체계화했다.
합리주의와 신비주의라는 두 흐름은
여기서 '자연을 초월한 것에 관한 학문'
으로서 통합되었다.

들어가는 말

"아리스토텔레스는 현실 세계를
형상과 질료의 이원론으로 설명하려 했다"

플라톤의 세 번째 시실리 도항을 전송하는 한 청년이 있었다. 그는 바로 플라톤의 제자로, 아카데미아에서 수학한 고대 철학 최고의 체계가인 아리스토텔레스 Aristoteles(BC 384~BC 322)였다.

아리스토텔레스는 고대 최대의 철학자인데, 17세에 아테네를 떠나 플라톤의 학원인 아카데미아에서 약 20년 동안 수학했다. 플라톤의 사후 아카데미아를 나와, 기원전 342년 알렉산더의 가정 교사가 된다. 후에 아테네로 돌아가 학원을 설립하여 연구에 종사했다. 알렉산더는 그 후에도 아리스토텔레스를 존경하여 원조를 했지만, 아리스토텔레스의 만년에는 그 관계도 악화되었다고 한다. 플라톤은 죽은 후 재산을 거의 남기지 않았으나, 아리스토텔레스는 다소의 재산을 남긴 듯하다.

우선 다음 〈표 1〉 아리스토텔레스의 저작을 살펴보자. 그러면 아리스토텔레스는 그야말로 모든 것에 의미를 갖고 있었던 철학자였다. 플라톤이 동경하는 사람이었다고 한다면, 아리스토텔레스는 세계를 정리하려 했던 사람이었다.

아리스토텔레스는 '이상 국가(유토피아)'를 추구하는 66세의 플라톤의 정열을 이해하기 어려웠을 것이다. 그러나 거기에는 두 사람의 자질의 차이뿐 아니라 시대의 큰 낙차가 있었다. 플라톤이 살면서 사색하던 때는 고대 그리스 문화의 정점인 아테네 황금기의 여운이 남아 있던 시대였지만, 아리스토텔레스가 살았던 때는 그리스의 도시국가들이 왕년의 힘을 잃어버린 알렉산더Alexander(BC 356~BC 323) 대왕 시대였다. 알렉산더는 마케도니아 왕으로 필립 2세의 아들이었다. 마케도니아는 당시 그리스 변경의 땅에서 발흥한 국가였는데, 필립 2세의 손에 의해 눈깜짝할 사이에 강대해졌다.

그의 아들 알렉산더는 페르시아를 정복하고, 유럽, 아시아, 아프리카에 걸친 고대 최대의 제국을 만들었다. 그때는 이미, 이념을 지상에 실현하려고 했던 플라톤의 시도가 현실성을 잃어 버린 시대였다.

이 그리스 문화가 오리엔트까지 퍼져 헬레니즘이라는 새로운 문화가 나타나는 시대에, 아리스토텔레스는 박물학의 정열을 지닌 철학자로서 등장한다. 그는 동물학이나 자연학을 편애했다. 그는 현

〈표1〉 아리스토텔레스의 저작

자연학	『기상론』 『생성소멸론』 『천체론』 『자연학』	형이상학	『형이상학』
실천철학	『시학』 『변론술』 『아테네인의 국가제도』 『정치학』 『덕과 악덕에 관하여』 『에우데모스 윤리학』 『대도덕학』 『니코마코스 윤리학』	자연학	『동물발생론』 『동물진행론』 『동물운동론』 『동물부분론』 『동물지』 • 호흡에 대하여 • 삶과 죽음에 대하여 • 청년과 노년에 대하여 • 장수와 단명에 대하여 • 해몽에 대하여 • 꿈에 대하여 • 수면과 각성에 대하여 • 기억과 상기에 대하여 • 감각과 감각되는 것에 대하여 『자연론학 소론집』 『영혼론』
윤리학	『궤변논박론』 『분석론후서』 『분석론전서』 『명제론』 『카테고리론』		

재는 없어져 버린 방대한 지리지뿐만 아니라, 알렉산더 대왕의 도움으로 자신이 창설한 학원인 리케이온Lykeion에 여러 진기한 자료를 옮겨 놓았다.

앞서 이야기했듯이 아리스토텔레스는 처음에는 플라톤의 학원인 아카데미아에서 공부했다(BC 367~BC 348). 그리고 수제자로 불렸지만 학풍의 차이로 아카데미아를 떠나, 편력 시대를 거쳐, 리케이온(공립체육장이었다)에서 강의를 시작했다(BC 335). 후에 리케이온에는 학교 건물이 세워져 아리스토텔레스의 학풍이 계승되어 갔다.

헬라스(그리스인은 그리스 본토를 헬라스라고 불렀다)는 급속히 확대되고, 잃어버린 이상을 추구하는 대신 새롭게 넓어진 세계를 정리하고 의미를 부여해 가는 시대—박물학의 시대—가 도래해 있었던 것이다. 이런 뜻에서, 그리고 여러 분야의 철학을 전부 검토하여 체계적으로 정리했다는 뜻에서도, 아리스토텔레스야말로 고대 철학의 완성자라는 이름에 어울린다.

그러면 아리스토텔레스의 철학은 플라톤의 철학과 어떻게 다를까? 그것은 이데아와 형상의 차이이다. 형상eidos*도 역시 '형태'이

✻ 형상 eidos

눈에 보이는 '형태'를 의미하는 그리스어 '에이도스'에서 유래하는데, 종자의 의미도 있다. 왜냐하면 종자에는 형태가 포함되어 있기 때문이다. 어원적으로도 이데아와 동의어이며, 플라톤도 이데아와 함께 이 에이도스를 종종 사용했다. 그러나 철학사적으로는 형상의 의미는 아리스토텔레스에 의해 질료와 대립하는 개념으로 사용됨으로써 이루어졌다. 형상이란 형태이지만 반드시 눈에 보이는 형태를 의미하는 것은 아니다. 예를 들어 집의 형상을 생각해 보면, 집의 형상은 집의 정의 즉 로고스(살기 위한 것)로, 이 정의에 따라 눈에 보이는 집의 형태를 정해 왔다. 형상은 프랑스어로 forma이며, 영어의 form의 어원이다. 그

며 이데아와 비슷한 개념이지만, 결정적인 차이가 하나 있다.

플라톤은 이데아를 이 세상에 없는 장소에서 실재하는 객관적인 것이라고 생각했으나, 아리스토텔레스의 형상은 현실적인 바로 이 세계 속에서 발견되는 '형태'였다.

아리스토텔레스의 생각에 따르면, 형상은 단지 개체, 즉 우리 눈앞에 있는 물체 안에만 존재한다. 이 사고 방식을 철학적으로는 '개체 형상설'이라고 한다. 한편 플라톤의 이데아는 개체를 떠나 존재하는 진정한 실체이다. 이 입장을 '실체 형상설'이라 한다.

러므로 형상이란 근대에서는 투수의 던지는 모습이며, 사회적인 형식이라는 의미로는 추상적인 형태도 의미한다.

1. 형상과 질료

형상이란 무엇일까? 형상이란 질료와 대립하여 사용하는 말이다. 그러므로 질료hyle 란 원래 제목과 숲의 나무(영어로는 wood)를 의미하며, 거기서 소재·재료의 의미가 되었다. 곧 이 질료의 뉘앙스는 '재료'라는 의미와 비슷하다. '그는 훌륭한 인재다'라고 할 때, 지금 그가 훌륭한 일을 하고 있다는 것은 아니다. '그는 훌륭한 일을 할 가능성이 있는 인간이다'라는 의미이다.

아리스토텔레스에 의해 철학의 술어가 되었지만, 그 의미에서의 질료는 형상과 짝이 된 말로, 어느 특정의 형태, 성질을 갖기 전의 것이다. 물이 수증기가 되었을 때, 물도 수증기도 형상으로서, 질료는 이 양자에 공통되며 이 양자의 '근본이 되는 것'을 가리킨다.

우리가 보는 것은 모두 형태나 성질을 갖고 있으므로, 우리는 질료 자체를 보는 것은 아니다. 형상이란 넓은 의미의 형태이며, 질료란 아리스토텔레스에 따르면 '그 자체는 특정한 것도 아니며 어느 정도 크기가 있는 것도 아니고 그 밖의 아무것도 아닌' 것으로서 요즘 말로 하자면 '물질'이지만, 물질이라는 어감보다는 소재나 재료라는 말이 더 알맞는 말이다.

여기 청동으로 된 동상이 있다고 하자. 동상은 녹으면 형체가 없어져 버린다. 그러므로 동상의 경우, 사람의 모습은 그 형상이며, 동상의 재료인 청동은 질료라고 할 수 있다. 또 집을 예로 들면, 재목이나 돌이 질료에 해당되며 집의 형태나 구조, 기능 등은 형상에 해당된다. 당시는 손가락에 낀 인장을 부드러운 밀랍 위에 찍었는데, 밀랍에 찍힌 각인이 형상이며 밀랍이 질료인 셈이다.

이와 같이 형상은 오늘날 우리가 사용하는 형태라는 말과는 의미가 다르지만, 넓은 의미로 형태를 부여하고 있다. 그것에 대해 녹은 청동이나 밀랍은 그 자체로는 아무것도 아니지만 형태와 결합함으로써 무엇인가 구체적인 것이 된다. 즉, 질료란 무엇이든 자유롭게 될 수 있는 것으로, 오늘날 우리가 소재나 재료라고 말할 때 거기에는 자유롭게 가공되어 구체적인 것이 된다는 이미지가 있듯이, 아직 한정을 받지 않은 것, 무한정인 것, '그 자체로는 아무것도 아닌 것', 형상과 결합함으로써 무엇인가 될 가능성을 갖고 있는 것이다.

엄밀히 말하면 녹은 청동도 어떤 형체를 갖고 있는 이상 형상을 포함하고 있는 것이다. 청동이라는 것도 일종의 형상이라고 생각된다. 그러므로 질료라는 것을 순수하게 생각해 가다 보면, 그것이야말로 아무것도 아닌 것, 일찍이 아낙시만드로스가 말했던 '무한정인 것'에 이른다. 이 질료의 질료를 '제1질료'라고 한다. 곧 질료의 개념을 철저하게 추적해 가면, 어떤 것도 엄밀한 의미로 질료라 할 수 없다. 거기서 모든 것의

▲ 플라톤과 아리스토텔레스

'원래의 것', 여러 가지 형상과 결합하면서 그 자체는 변하지 않는 것이 생각되는데, 그것을 제1질료라고 한다. 철학은 이와 같이 점점 말을 늘려 간다. 이 제1질료는 일찍이 아낙시만드로스가 말했던 '무한한 것'과 아주 비슷하다.

형상과 질료는 고대 철학이 세계를 2가지로 나누어 생각했던 기본적인 개념이라고 해도 좋다. 아리스토텔레스는 플라톤의 이데아로부터 형상의 개념을, 이오니아 자연학에서 질료의 개념을 계승하여 이 2가지 아르케의 조합으로 세계를 생각했다. 파르메니데스가 구했던 '존재'의 자격이 변화하지 않는 것이었듯이, 형상과 질료도 그 자체로서는 변화하지 않는다. 변화하는 것은 이 2가지 아르케가 결합하는 방법뿐이다. 거기서 천변만화한 이 세계가 생긴다.

생각해 보면 이것은 우리의 상식과 별로 틀리지 않는 훌륭한 설명 방법이다. 그런데 이와 같은 아리스토텔레스의 설명이 우리에게 상식적으로 들린다면, 그것은 유럽의 철학뿐만 아니라 사물을 보는 기본적인 방법이 아리스토텔레스 철학의 기초 위에서 만들어져 왔기 때문이다. 단지 근대의 사물을 보는 방법과 형상-질료의 이분법의 차이점은 우리는 물질이 먼저 있다고 생각하지만 아리스토텔레스는 형상과 질료는 서로 떨어뜨릴 수 없다고 보았다는 점이다.

이것이 아리스토텔레스가 존재와 변화라는 파르메니데스 이래의 문제에 해답을 주려고 한 방법이었다. 그것은 변화하는 현상의 배후에 무엇인가 근본적인 것이 있다고 생각한다면, 변화하지 않는 '존재'를 생각하지 않을 수 없으며, 거꾸로 변화하지 않는 '존재'를 생각하면 거기에서부터 어떻게 하여 이 변화하는 다양한 세계가 생기는 것일까라는 어려운 물음이었다.

그러면 아리스토텔레스는 형상과 질료라는 것을 수단으로 해서 어떻게 이 다양한 세계를 설명했을까?

2. 실체를 어떻게 설명할까

세계의 4가지 원인

엄밀히 말하면 이 세계의 원인은 형상과 질료 외에 2가지가 더 있다. 아리스토텔레스는 『형이상학 Metaphysica』의 앞부분에서 철학이 최고의 학문이며, 관조[1]의 지식이고, 제1의 것들 즉 '제1의 제원인을 연구하는

---

1. 관조 theoria
보는 것. 현대어의 '이론 theory'의 어원. 아리스토텔레스는 인간의 행위를 3가지로 나누었다. 보는 것(관조), 행동하는 것(실천), 만드는 것(제작·생산)은 이 순서대로 중요하다. 예를 들면, 오늘날에는 보통 스포츠의 관객보다도 스포츠 선수가 낫다고 생각하는데, 아리스토텔레스에 따르면 반대이다. 왜냐하면 선수는 신체를 움직이고 있는 데 반해 관객은 눈으로 본다는 순수한 즐거움에 빠져 있기 때문이다. 이 이론에 따르면 보는 것은 고상한 취미라는 것이 된다. 이론을 중시하는 풍조는 이때 확립되었다. 아리스토텔레스는 학문도 이 구별에 따라 이론학(형이상학, 자연학)·실천학(정치학, 윤리학)·제작 기술로 나누었다.

왕자의 학문'임을 말한 후, 그가 지금까지의 철학을 정리하여 얻은 4가지 원인을 들고 있다. 왜냐하면 아리스토텔레스에 있어서도 '사물을 안다'는 것이 바로 '원인을 안다'는 것이었기 때문이었다.

앞서 언급된 아리스토텔레스의 주요 저작 『형이상학』을 그 자신은 제1의 철학이라고 불렀다. 자연학의 뒤(meta)에 두었으므로 이 이름이 붙었다. metaphysics의 어원이기도 하며, 아리스토텔레스 이후 메타에는 '넘는다'라는 의미도 생겼다. 형이상학이란, 바꿔 말하면 자연을 초월한 것에 대한 학문이다.

1. 사물의 실체(본질·형상인 形相因)
2. 물체의 질료, 기체 基體(질료인 質料因)
3. 사물의 운동이 거기서부터 시작하는 시작(운동인 運動因)
4. 제3의 것과 반대의 끝에 있는 원인으로, 사물의 생성이나 운동의 모든 것이 목표로 하는 바인 목적(목적인 目的因)

우리는 하나의 원인으로 세계를 설명하려고 할 때 어떤 어려움이 생기는지 앞에서 보아 왔다. 고대 철학의 완성자 아리스토텔레스의 방법은 지금까지의 여러 철학자가 주장한 모든 세계의 근거를 전부 정리하여 한 곳에 담으려는 것이었다. 예를 들면 이오니아 자연학이 생각했던 공기나 불 같은 것은 질료 또는 기체라는 원인이며, 플라톤이 생각했던 이데아는 형상인에 해당한다. 아리스토텔레스는 목적인을 '선'이라고 했으므로, 플라톤이 이데아 중의 이데아라고 불렀던 선은 또한 목적인이기도 하다.

형상과 질료 외에 목적이나 시초가 원인이 되고 있는 것은 기묘한 느

낌이 든다. 그러나 고대 철학의 주제는 물체로부터 생각을 하기 시작하는 것이 아니라 사물을 어떤 것이라고 생각할 수 있을까 하는 것이었다. 데카르트에서 자세히 말하겠지만, 고대 철학과 현대 철학에서는 운동에 대한 사고 방법이 크게 다르다.

이렇게 아리스토텔레스는 원인을 4가지로 말함으로써 세계를 다채롭게 설정했는데 형상인을 '궁극적으로 그것(사물)의 원인·원리'라고도 하여 특히 중시했다. '그것은 무엇일까'란 우리가 자주 보는 '본질'[2]이라는 말의 기원인데, '그것은 무엇일까', 즉 형상(인)은 로고스(설명 방식) 속에서 구해진다고도 말하고 있다.

우리는 앞에서 형상을 형태라고 생각했지만, 형상이란 눈에 보이는 형태뿐만 아니라, 눈에 보이지 않는 형태를 포함한 로고스인 것이다.

또한 이 4가지 원인 중에서 운동인, 목적인, 형상인은 밀접하게 관계하며 서로 중복되어 있다. 집을 짓는 것을 생각해 보자. 먼저 집짓기의

---

2. 본질

아리스토텔레스는 본질을 형상과 거의 같은 의미로 보아 달리 본질이라는 말을 사용하지 않았다. 아리스토텔레스가 사용한 to ti en einai(무엇일까)라는 말이 철학사 가운데 본질이라는 말이 되었다. 컵을 눈 앞에 내밀고 '이것이 무엇인가'라고 묻는다면 컵이라고 곧 대답할 것이다. 이 경우 컵을 이루고 있는 유리는 물을 먹는 용도로 정해진 모양을 하고 있다. 그러므로 컵은 나의 눈앞에 있는 물체의 형상이며, 설명 방식(로고스)인 것이다.

그런데 인간의 본질(형상)이 무엇인지를 물으면, 대답은 까다로워진다. 사람의 형태를 생각해 보아도, 그것으로는 인형과 구별이 되지 않는다. '사람의 형태를 취한 것'으로는 인간이 '진실로' 무엇인가라는 설명이 되지 않는다. 예를 들면 이성적 동물이다라는 설명이 인간의 본질이 되는 것이다. 따라서 인간의 학명인 호모 사피엔스(현명한 사람)는 인간의 본질을 말하고 있는 것이다. 이와 같이 본질이라는 개념도 존재론의 신비화의 길을 걷게 되고, 중세의 아리스토텔레스의 후계자 토마스 아퀴나스(제4부 참조)에 의해 본질과 존재는 분리된다.

처음에 목수의 머리 속에 집의 이미지(현대식으로 말하면 설계도)가 있다. 그리고 이 첫 원인은 집의 형상(집이 무엇을 위해 있는가라는 형체와 목적)에 해당한다. 그리고 목적은 집의 실제 형체(형상)이기도 하다. 이렇게 하여 종종 질료인을 뺀 3가지 원인은 궁극적으로 중복된다. 처음과 끝이 중복됨으로써 사람은 질서있는 세계를 묘사할 수 있다.

플라톤의 이데아라는 사고 방법에 비해 아리스토텔레스의 방법은 더 현실적이고 분석적인 방법이었다고 할 수 있다. 지금까지의 철학자들이 많든 적든 신비적인 직감이나 유추에 근거하여 진리를 말했던 것에 비해(플라톤조차도 이야기라는 형식으로 이데아의 세계에 대해 말했다) 아리스토텔레스의 방법은 정리와 말의 분석에 따른 것이었다. 로고스는 헤라클레이토스의 신비로운 로고스로부터 '사물'을 어떻게 설명할 것인가라는 하나의 방식(설명 방법)이 되었다.

이러한 아리스토텔레스의 작업을 통해 일상적인 그리스어, 얼마간의 신비스런 이미지가 부여된 말에서 오늘날까지 우리가 사용하고 있는 철학의 용어(술어)가 완성되었다. 그것도 흐트러진 말

▲ 헤라클레이토스

로서가 아니라 아리스토텔레스의 체계를 전제로 한 일관된 술어군으로서 완성된 것이다. 아리스토텔레스가 철학사에 끼친 큰 영향은 말의 체계 없이는 생각될 수 없다.

그리고 철학이란 반 이상이 말의 사용 방법 즉, 어떤 말을 기본으로 하여 세계를 설정할 것인가, 저 말과 이 말이 어떻게 관계되어 있는가라는 것이다. 사람은 자기 생각을 그대로 표현할 수 있는 말을 마음대로 고를 수 없다. 거꾸로 말의 체계는 사람의 사고를 규제한다. 특히 철학이라는, 앞 사람의 일을 밟고 생각하는 사고방식에서는 이것이 두드러

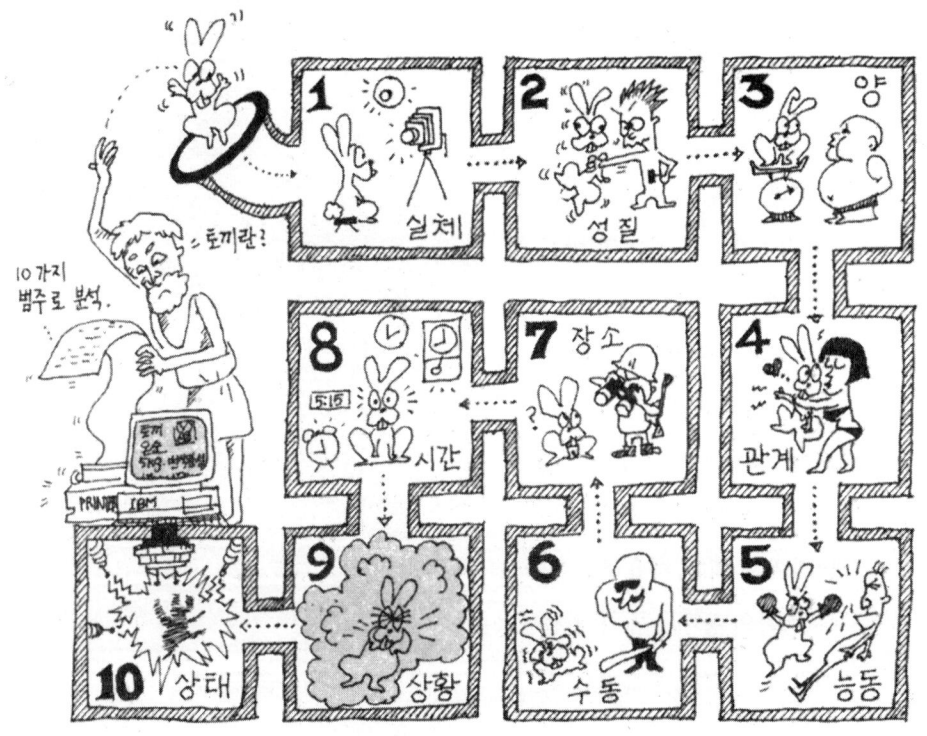

진다. 바꿔 말하면, 몇 가지 기본적인 말의 조합에 따라 성립되는 사고의 도식이 지금까지의 철학사 가운데에서 성숙되다가 아리스토텔레스에 의해 정리된 것이었다. 이후의 철학사는 이 사고의 도식을 어떻게 변화시켜 갔을까라는 이야기이다.

10개의 범주로 분석하다

그러면 형상을 중심으로 한 4가지 원인으로부터 이 세계는 어떻게 성립되어 있을까? 아리스토텔레스가 모든 분야를 연구하면서 가장 높은 가치를 부여한 것은 실체(참으로 있는 것)의 연구, 즉 오늘날의 형이상학이었다. 우리가 지금까지 보아 온 아르케에 실체라는 일반적인 이름이 부여되었다. 그런데 아리스토텔레스 철학의 특징은 실체란 무엇인가를 생각하는 절차에 나타나 있다. 사실, 철학의 적지 않은 부분은 절차이다. 그러면 아리스토텔레스는 어떠한 절차로 실체에 대해 생각했을까?

    실체 즉 '참으로 있다'는 것은 어떤 것일까? 아리스토텔레스는 말의 분석에서 연구를 시작한다. 먼저 '있다'는 말에는 '……이 있다'와 '……이다'라는 2가지 사용 방법이 있는데, 아리스토텔레스가 중시한 것은 '……이다'와 '있다'이다. '……이다'라고 하는 데도 여러 사용 방법[3]이 있

---

3. 영어의 be동사

영어의 be동사(그리스어의 'on'에 해당함)에는 '있다'와 '이다'의 2가지 의미가 있다.
① He is in the livingroom. (그는 거실에 '있다')
② This is a pen. (이것은 '펜'이다)
전자를 existence(존재)의 '있다'라고 하며, 후자를 copula(계사, 연사)의 '이다'라고 한다. 유럽 철학사는 인도 유럽어의 공통된 '있다'(be 동사)의 용법 위에서 사고해 왔

는데, 아리스토텔레스는 먼저

① 부대적인 것으로서의 '있다'와
② 그것 자체의 '있다'의

2가지 사용 방법을 구별한다. 부대적이라는 것은 '교양이 있는 사람은 살갗이 희다'의 경우이다. 교양이 있는 사람은 언제나 살갗이 흰 것이 아니라, 우연히 살갗이 흴 뿐이다. '살갗이 희다'는 조건은 '교양이 있는 사람'에게 불가결한 것이 아니다. 교양 있는 사람은 '살갗이 검다'고 해도 좋다. 즉 부대적인 '있다'란 마침 그렇다는 것이다. 그것이 참으로 어떻게 있는지를 생각할 때는 먼저 '있다'의 사용 방법에서 '우연한 것'을 구별해야 한다.

그러나 우리는 우연이 아니라 여러 의미에서 '……이다'라고 말하는 방법을 쓴다. 아리스토텔레스는 '그들 자체에 있어 있다고 하는 것은 언제나 술어의 제형태에 의해 그렇게 말해지는 모든 것이다'라고 말하고 있다. 예를 들면, 집이란 무엇일까를 생각할 때, 아리스토텔레스는 '집이란 ……이다'라고 말하는 것에서 '……'에 오는 단어(술어)를 생각한다. 아리스토텔레스는 이 '……'에 해당하는 것을 『형이상학』에서 8가지(『범

다. 바꿔 말하면 '있다'라는 구문은 근대까지의 유럽 철학사의 지평이었다.
아리스토텔레스가 '있다는 것은 어떤 것일까'라는 그의 연구, 즉 온톨러지 ontology의 연구에서 중시했던 것은, ②의 '이다'였다(①의 '있다'가 중시되기 시작한 것은 헤겔 이후의 실존 철학에서 부터이다).
즉, S(주어)=P(술어)의 문장에서 주어에 무엇이 오고, 술어에 무엇이 오는가가 아리스토텔레스의 연구 방법이었다. 주어에 오는 것은 기체 hypokeimemon라고 하며, 질료가 먼저 기체에 해당된다고 생각하였다. 한편 술어에 해당하는 것은 10개의 범주이다.

주론』에서는 10가지)로 분류한다.

1) 그 주어의 무엇일까(실체, 본질)
2) 그것이 어떻게 있을까(성질)
3) 그것이 얼마나 있을까(양)
4) 그것이 다른 무엇에 비해 어떠할까(관계)
5) 그것이 하는 것(능동)
6) 그것이 받는 것(수동)
7) 그것이 어디에 있을까(장소)
8) 그것이 언제 있을까(시간)

『범주론』에서는 위의 8가지에다가, 9) 그것이 어떠한 상황에 있을까와, 10) 그것이 무엇을 갖고 있을까(상태)의 2가지가 더해 있다.

'집이란 ……이다'라는 문장의 '……' 속에는 10가지 종류의 말(범주)이 올 수 있다. 아리스토텔레스의 사고 방법은 오늘날까지 계속되고 있는 실체와 속성이라는 사고 방법이다. 즉, 어느 실체(변화하지 않는 것)가 있어, 그것의 성질이나 양, 관계, 장소, 시간 등이 변화한다는 세계에 대한 사고 방법의 틀이다.

우리의 눈앞에 나타나는 것은 복잡하고 모호한 다양한 세계이다. 그러나 거기서 기가 죽어서는 안 된다. 아리스토텔레스의 10가지 범주(범주란 본문에도 있듯이, 원래 술어라는 의미이다. 말하자면 범주란 어떤 식으로 있는가라는 것에 관한 기본적인 틀이다. 근대에 범주를 중시한 철학자는 칸트였는데, 칸트의 경우 범주란 사고의 틀이었다)에 따라 눈앞의 현상을 분석해 보자. 그러면 어떤 확실한 상이 떠오를 것이다. 사실은, 우리는 엄밀하지는 않아도 무의식중에 일상적으로 이런 분석을 하고 있다. 저 사람의 신분은 무엇이며, 입고 있는 것은 무엇이고, 키는 얼마이며, 어디서 살고 있다, …… 그런 식으로 사람을 판단하는 무의식의 코드를 갖고 있는 것이다.

범주란, 말하자면 말에 의한 정리이다. 이 정리가 되면 거꾸로, 사물은 이 정리의 무엇으로 분류되느냐로 판단되게 된다. 즉, 아리스토텔레스가 수립한 것은 술어로 나타나는 것(여러 성질, 즉 속성)이 주어가 되는 것(실체)에 의존하고 있다는 존재관이며, 또한 일상적으로 우리 앞에 나타나는 모호한 세계를 정리해 가는 방법이다. 그리고 철학은 오로지 이들 범주 가운데 그 주어가 무엇일까를 말로 나타내는 본질을 탐구해 가는 것이 된다.

또 한 가지 중요한 점은, 이 분석이 훌륭하게 말(설명 방식)에 의해 이

아리스토텔레스의 탐구 절차

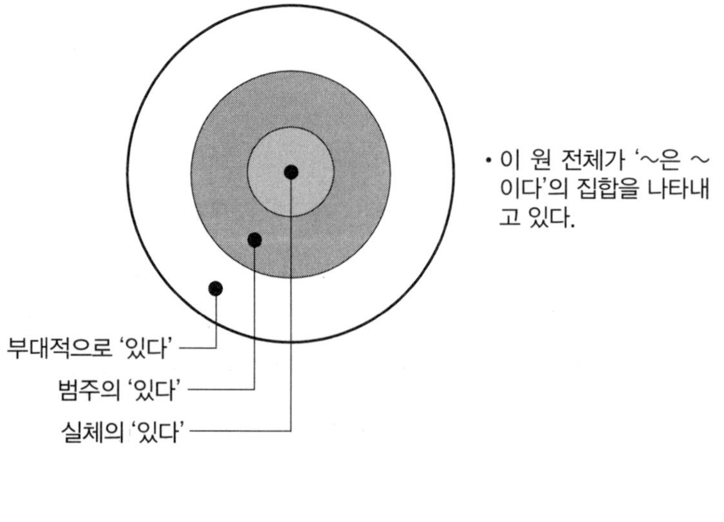

- 이 원 전체가 '~은 ~이다'의 집합을 나타내고 있다.

부대적으로 '있다'
범주의 '있다'
실체의 '있다'

루어지고 있는 것에 있다. 철학에서 중요한 것은 이미 직감이나 저편의 것에 대한 동경이 아니다. '……은 ……이다'라는 문장을 분석하는 능력이다. 이렇게 하여 아리스토텔레스의 철학을 전제로 세계는 비로소 말로 파악되게 되었다.

예를 들면, 플라톤의 이야기(뮈토스)는 그것이 말로써 이야기되고 있다 해도 무엇인가 말을 초월한 것이다. 아리스토텔레스가 시도한 이 방법도 일종의 합리주의라고 할 수 있는 것이다. 근대 과학은 피타고라스-플라톤으로부터 세계의 배후에 있는 눈에 보이지 않는 법칙에 대한 확신을, 그리고 아리스토텔레스로부터 분석적이고 합리적인 태도를 계승하고 있다.

그런데, 이것도 일종의 세계의 단순화라고도 할 수 있다. 말하자면 우리들은 모호한 세계에 대해 범주라는 안경을 쓰고 판단하는 습관을 들인 듯하다. 우리가 경험하는, 모호하지만 때로는 풍요한 세계를 아리스토텔레스는 일정한 절차에 따라 특정한 세계로, 명확한 세계로 만들었다. 언제나 안경을 쓰고 있는 사람은 안경을 통해 보이는 세계가 진실한 세계이며 세계는 그것뿐이다고 생각하는 경향이 있다. 아리스토텔레스는 여러 가지 '있다'에서 여분의 것을 배제하고, 말로써 파악되는 세계를 '이것이 세계다'라고 우리에게 보인 것이다.

모든 것은 형상으로 설명된다

그런데 여러 가지 범주로 표현되는 것은 변화한다. 예를 들면 집에는 여러 가지 집이 있으며, 여러 사람들이 살고 있다. 우리는 이 집에 대해서도 앞에서 든 10가지 범주에 따라 설명할 수 있다.

그런데 집에서 변화하지 않는 것은 무엇일까? 이 변화하지 않는 것을 지금 설명한 범주로 말하면 '그것이 무엇일까' 즉, 집의 실체, 본질이다. 아리스토텔레스는 실체로 생각되는 것을 4가지 들고 있다. 그것은 형상

(설명 양식), 종류, 보편universal⁴ 기체(질료)이다.

물론 집이라는 것(집의 보편)이나 집이 인간의 문화적 산물이다 등등 (집의 보편)은 변하지 않으나, 그밖에 변화하지 않으면서 집을 이루고 있는 것은 집의 형상과 질료이다. 질료는 또한 기체라고도 한다. 그런데 질료와 형상, 2가지로 세계가 성립되어 있다면, 어느 것이 더 실체를 나타내고 있는 것일까?

먼저, 아리스토텔레스는 기체基體에 대해 생각해 본다. 기체란 '……의 아래에 가로놓이다'라는 의미로, 변화의 밑에 가로놓인 것 즉, 변화를 통해 변하지 않는 것을 의미한다. 변화를 통해 변하지 않는 것은 이오니아 자연학이 구했던 아르케이며(p. 18 참조), 아리스토텔레스는 그것을 질료라고 했다(이데아도 다른 의미로 변화하지 않는 존재이지만).

사실 기체는 질료인데, 기체는 '그 자체로는 결코 다른 어떤 것의 술어도 되지 않는 것'이라고 아리스토텔레스는 정의한다. 즉, 여러 가지 변화를 통해 변화하지 않는 것이 기체이다. 예를 들면 청동은 여러 가지 형체가 되지만, 사람의 형체가 청동으로 될 리는 없다. 그렇다면 '이 동상

---

4. 보편universal
철학의 중요한 술어 가운데 하나. 보편이란 많은 같은 종류에 공통되는 개념을 의미한다. 그 예로 소크라테스에 대해서, '인류'는 소크라테스가 다른 많은 사람과 같이 인간인 것을 의미하는 공통의 개념이다. 그러나 보편은 단지 공통성에 대해 주어진 이름만은 아니다. 인류라는 말에 의해 많은 인간이 공통의 것이 될 수 있다는, 개별적인 것에 그 근거를 부여하는 의미를 갖고 있다. 즉, 보편이란 이데아-형상-보편이라는 계열에 속하는 말인 것이다.
보편의 반대 개념은 개별(또는 개체)이다. 인류가 보편적인 개념이라면, 소크라테스는 개별적인 것이다. 보편-개별이라는 이분법은 철학의 기본적인 도식의 하나로, 보편이 앞서는지 개별이 앞서는지의 문제는 이후 철학사의 쟁점 가운데 하나가 되었다.

은 ……이다'는 문장 가운데에서 '이 동상은 청동이다'라는 문장이 '그 주어의 무엇일까'라는, 즉 이 동상에 주어져 있는 장소나 관계가 변화해도 변화하지 않는 '이 동상'의 정체를 설명하고 있는 것처럼 생각할 수 있다.

앞에서 말한 범주의 사고 방법을 사용하여, 이 동상에서 다른 범주를 차례차례 빼가면 청동 덩어리만 남게 된다. 그러나 만일 이 동상의 실체를 청동이라고 하면 성가신 문제가 생긴다.

왜 이 동상이 다른 것에서 떨어져 있을 수 있을까(독립성), 그리고 이것이라고 하는 하나의 물체로 있을 수 있는 것일까(개체성)라는 것이 질료만으로는 아무리 해도 해결되지 않는다. 즉 녹은 청동은 흐를 뿐 이 동상의 모습을 갖고 있지 않다. 거기에는 어떤 구별도 생기지 않는다. 아리스토텔레스의 생각에 따르면, 독립하여 있는 것 하나로 있는 것은 실체로서 필요한 조건이었다. 즉 질료는 진정한 실체에 어울리지 않는다.

다음 아리스토텔레스는 이것(개체)을 생각해 본다. '이것'이란 '이 동상'이다. 그러나 '이 동상은 이 동상이다'라고 하는 것은 헛소리일 뿐이다. 게다가 이 동상은 언젠가 부서져 버린다. 실체는 변화하는 것이어서는 안 된다. 형상과 질료가 결합하여 우리의 눈앞에서 여러 가지 일(여러 가지 개체[5]이 완성되는 이상, 형상 쪽이 앞선다. 원인이란 앞서 있는 것이다.

이러한 추론에 의해 아리스토텔레스는 진정으로 그것이 무엇일까를

---

5. 개체

개체(이것)란 예를 들면, 지금 내 눈앞에 있는 이 사과의 경우이다. 그런데 철학에서 개체에 대해 말하는 것은 성가신 일이다. 왜냐하면, 사과는 모든 사과에도 해당되는 말이며, '이것'이라고 해도 모든 '이것'에도 해당되기 때문이다. 그러므로 아리스토텔레스는 개체를 형상(사과, 사과란 무엇일까)과 질료(사과를 만들고 있는 것)가 결합한 것으로 생각하여, 결합(합성)체라고 했다.

설명하는 것을 로고스(설명 방식) 가운데서 구했던 것이다. 즉, 집의 내력이나 목적, 용도, 그것에 결합된 형태, 백과사전에서 '집'의 항목을 찾으면 나오는 설명이 집의 실체인 것이다.

가능태·현실태와 부동의 동자

형상과 질료는 어떻게 결합하는 것일까? 아리스토텔레스는 이것도 현대까지 계속되는 술어인, '가능태와 현실태[6]라는 말을 사용하여 설정한다. 예로써 집을 들어 보자. 지금까지 보아 왔듯이, 집의 정의가 집이란 무엇일까(집의 본질)를 밝혀 준다.

먼저 집은 '돌과 벽돌과 나무로 된 것'으로 정의된다. 물론 이 정의에

---

6. 가능태 dynamis(가능성·능력)와 현실태 energeia(현실 활동)
dynamis는 dynamic의 어원이다. energeia는 energy의 어원이다. 무엇인가 다이나믹한 세계관을 연상하지만 아리스토텔레스의 세계관은 어디까지나 정적인 것으로, 종종 가능태가 질료와, 현실태가 형상과 대응하고 있다.
'그 사람은 피리를 부는 사람이다'라고 해 보자. 지금 그 사람이 피리를 불고 있지 않다면, 그 사람은 '피리를 분다'는 모습에 대해서는 가능태이다(가능성을 갖고 있다. 능력을 갖고 있다). 실제로 피리를 불고 있을 때가 현실태(현실 활동을 하고 있을 때) 이다. 왜 이 가능태와 현실태가 질료와 형상과 대응하느냐 하면, 아리스토텔레스의 생각으로는 현실 활동이란 어떤 형상과 가까워지기 위한(또는, 형상을 실현하기 위한) 것이었기 때문이다. 그 사람은 피리를 불고 있을 때 비로소 '그 사람은 피리를 부는 사람이다'라는 그 사람의 형상(본질 규정)에 가깝다.
이것에 대해, 근대적인 사고 방식에서는 어느 시점에(또한 공간의 한 점에서) 그 사람이 피리를 불고 있었는지 아닌지의 '사실'만을 문제로 한다. 그리고 그 반복에 일정한 규칙이 있을 때, 그것을 지배하는 법칙을 문제로 한다. 이것이 아리스토텔레스의 세계관과 근대 세계관의 차이점이다.

서 벽돌을 빼고 종이를 더해도 상관없다. 그러나 아리스토텔레스에 따르면 이것은 가능적으로 집인 것(집이 될 수 있는 것)에 지나지 않는다. 이것에 대해, 집을 '재산이나 신체를 덮는 그릇'이라고 정의하는 것은 현실의 집(실제로 집인 것)에 대해 말하고 있다고 아리스토텔레스는 생각한다. 물론 이 밖에도 집의 정의는 여러 가지 있을지도 모르나, 집은 사람이 살 수 있도록 되어야 비로소 집이라 할 수 있다.

즉 집의 질료만으로는 집은 가능적인 것이다. 이 가능적인 것에 (집의)

가능태와 현실태로 세계 변화과정 설명

형체와 목적이 결합되어야 비로소 현실적인 집이 된다. 집의 형체와 목적은 지금까지 우리가 보아 온 것처럼 집의 형상인데, 집에 형상을 부여하는 것은 누구일까? 물론 목수이며 건축가이다. 사람의 손, 일반적으로는 형상을 부여하는 자에 의해 가능적인 집은 현실적인 집으로 생성된다. 우리는 집을 짓는다고 하면 보통 시멘트를 개는 것을 연상하는데, 아리스토텔레스는 집을 짓는 것은 처음에 있는 우리의 의도이자 목적이라고 생각했다. 집이 생성된다는 것은 좀 이상한 말이라고 생각하겠만, 아리스토텔레스에 의하면 질적인 변화가 생성이며, 장소적인 변화가 운동이다. 따라서 집의 변화(건축 과정)는, 집이 가능태에서 현실태로 향해 생성되는 변화인 것이다.

아리스토텔레스의 체계 속에서는 움직이게 하는 것[능동적인 것(다른 것을 움직이는 것. 집의 예에서는 글자 그대로 제작하는 것. 인간은 집의 형상에 의해 질료를 움직인다]은 반드시 물리적으로 무엇인가를 움직이게만 하는 것은 아니다. 목적 또는 의도로서 우리는 무엇인가를 움직이게 한다. 개가 고기 냄새를 맡고 움직이고, 남자가 여자의 향기에 움직이듯이 무엇인가에 의해 움직여진다. 또한 자신 속에서 자신을 움직이는 것(형상)을 갖고 있는 것만이 생명이 있는 것으로 불린다.

이것이 아리스토텔레스의 형상과 질료의 결합 방법에 관한 이론으로, 그는 그것을 가능적인 것이 현실적인 것으로 변화(생성)하는 것이라고 생각했다. 생성이란 질적인 변화를 가리키는 말인데, 가능적인 것은 형상에 접근하는 것을 지향한다. 이 점에서도 아리스토텔레스의 형상이라는 말은 플라톤의 이데아와 가깝다. 이 장의 첫머리에 아리스토텔레스는 저편에서 이데아의 세계를 보는 것이 아니라 이 세계 속에서 형상을 본다고 언급했다. 그는 이데아가 현실에서 떨어져 실재한다는 플라톤

▲ 아리스토텔레스

적 사고 방식을 피하고, 현실 속에서 형상을 보았다. 이 아리스토텔레스의 사고 방식은 개체 형상의 입장이라고 불린다.

아리스토텔레스는 이데아가 사물을 전화시키는 움직임을 갖고 있어야 한다고 강조한다. 움직이게 한다(능동) - 움직여진다는 (수동) 유대 관계에 의해 형상은 질료를 형성, 변화시킨다.

이 계열에서 일단은 아리스토텔레스가 부정했던, 독립하여 존재라는 형상이 부활한다. 예를 들면 우리가 선을 목표로 삼고 있을 때, 선이란 인간의 형상인 영혼을 움직이는 형상의 형상으로 질료가 없는 것으로 생각할 수 있다. 이리하여 자신은 움직이지 않으면서 남을 움직이게 하는 순수한 형상이 등장한다. 이러한 순수한 형상은 질료를 갖고 있지 않으므로 변화하지 않는(변화란 형상과 질료의 결합 방법의 변화에 있었다) 영원한 존재이다. 질료의 개념을 거슬러 올라가면 제1질료라는 순수한 질료를 생각하게 되듯이, 아리스토텔레스는 형상의 개념을 거슬러 올라가 제1의 형상을 생각해 냈다. 이것이 부동의 동자이다.

왜 제1의 형상이 부동의 동자이냐면, 유럽 철학사에서는 움직이게 하는 것이 움직여지는 것보다 우위에 있기 때문이다. 이 움직이게 하는 – 움직여진다는 이분법도 유럽 철학사의 기본적인 사고 방식의 한 가지이다.

이 영원한 존재를 아리스토텔레스는 부동의 동자로 이름지었다. 부동의 동자란 일종의 신이라고도 할 수 있는데, 영원한 천계天界 운동의 원인이다. 그것은 천계가 질서 있게 운동하듯이, 천계 운동의 목적으로서 천계를 움직인다. 부동의 동자는 질료를 갖지 않는 순수한 형상이므로 변화한다는 것이 없으며, 또 움직여지는 것도 없다. 이 사고 방식은 별로 신비주의적인 것도 아니다. 천계 운동의 목적을 역학적 법칙으로 표현하면, 아리스토텔레스가 생각했던 부동의 동자는 근대의 우주관과 가깝다.

아리스토텔레스는, 최종적으로 질료를 갖지 않는 형상(플라톤식으로 말하면 독립된 이데아)을 이끌어낸 것에서 볼 수 있듯이, 플라톤의 사상을 전면 부정했던 것은 아니다. 플라톤의 세계관이 분리시킨 현실 세계와 이데아의 세계를 결합하여 통일시키는 이론을 전개했다고 하는 편이 사실에 가깝다. 그것을 위해서 개체의 이데아(형상)를, 개체와 나누어 생각할 수는 없었다.

아리스토텔레스의 이 방법은 다양한 세계를 설명하기 위해서는 편리하고, 보다 현실적인 방법이었다고 할 수 있다. 복잡한 것을 설명하기 위해서는 여러 가지 중간 단계를 생각해야 한다. 우리가 지금까지 보아 왔듯이 아리스토텔레스의 형상과 질료라는 도식은 시초-형상-목적과 질료로, 현실태와 가능태로 변주되어 이 세계의 성립을, 또한 변화하지 않는 존재로부터 어떻게 이 세계가 생겼는지(생성·변화하는지)를 설명하는 방식인 것이다.

3. 아리스토텔레스의 생명관과 사회관

영혼은 생물의 목적(형상)이다

아리스토텔레스에게도, 다른 고대 철학자들과 마찬가지로 자연과 인간은 본질적으로 구별되지 않았다. 아리스토텔레스에 따르면 자연이란 '그것의 운동이나 정지의 원리를 그 자신 속에 포함하고 있는' 것이었다. 즉 자연이 인간의 손을 빌지 않고 생성, 변화한다는 것을 그는 자연이 자신 속에 아르케를 포함하고 있다고 생각했다.

이와 같이 아리스토텔레스가 생각할 때, 중요한 역할을 하는 것은 움직이게 하다(능동)-움직여진다(수동)의 구별이다. 생명이 있는 것은 자신 가운데 원인(형상)을 갖고 있다. 그리고 고대의 상식으로는 생명이 있는 것 속에 있으면서 다른 것을 움직이고 있는 것은 영혼이었다. 고대인은 영혼을 실재하는 것으로서 생각했다. 영혼이란 우리의 안에 있으면서 우리를 움직이게 하는 것이다. 그러나 아리스토텔레스에 따르면 '당신은 영혼이 있는가'라는 물음은 '당신은 영양을 취할 능력이 있는가'에서 시작하여 '당신은 잘 살려는 의지가 있는가'에 이르는 우리 존재의 여러 가지 능력과 목적을 의미한다.

아리스토텔레스의 수많은 자연학에 관한 저작 중 영혼에 대한 연구를 정리한 것이 『영혼에 대하여De anima』이다. 우리는 근대적 세계관의 기초를 만든 데카르트의 『정념론Traite des passions de l'ame』과 『영혼에 대하여(아리스토텔레스의 자연학 관계의 주요 저서의 하나. 보통 디 아니마라고 불리는데, 아니마는 '영혼'이라는 뜻의 라틴어이다. 아니마를 갖고 있는 것을 동물이라 한다)』를 비교함으로써 고대와 근대의 사물 관찰법의 차이를 알 수 있다.

그러면 아리스토텔레스에게 있어 영혼이란 어떤 것이었을까? 지금까지의 아리스토텔레스의 철학이 그러했듯이, 그의 영혼에 대한 연구도 전혀 신비스러운 것이 아니라 말의 정의에 근거한 분석적인 것이었다. 아리스토텔레스는 먼저 지금까지의 영혼에 대한 여러 설명을 검토하여 비판하는 데서 시작한다.

데모크리토스는 영혼을 구형球形의 아톰이며 일종의 불로 생각했다. 아리스토텔레스의 견해는 영혼이 장소를 갖지 않는다는 점에서 이오니아 자연학풍의 영혼관과 질적으로 다르다. 형상이 장소를 갖지 않듯이 영혼도 장소를 갖지 않는다. 왜냐하면 영혼이 만일 장소를 갖고 있다면 (공간 속에서 어느 위치를 점하고 있다면), 영혼은 신체와 함께 이동해야 한다. 그리고 영혼이 이동할 수 있는 것이라면, 영혼은 자유로이 신체를 나가고 들어갈 수 있을 것이다. 이것은 오히려 당시의 보통 사고 방식이었는데, 아리스토텔레스는 그렇게 하면 죽은 것이 소생하는 일이 있을

▲ 데카르트

것이라는 이유에서 영혼이 장소를 갖는다는 생각을 피하고 있다.

그러면 영혼이란 무엇일까? 질료가 아닌 것만은 확실하다. 영혼의 무게를 잰 사람은 아무도 없었다. 거기서 아리스토텔레스는 영혼을 엑토플라즘ectoplasm 같은 것이 아니라 생물의 목적(형상)이라고 생각했다.

아리스토텔레스는 영혼을 '생명을 가능태로 갖고 있는 자연 물체의 형상으로서 있는 것이 아니면 안 된다', 죽어 있는 생물도 있으므로, 생물이란 생명을 가능태에 갖고 있는(살 수도 있는) 자연 물체인 것이다.또 '영혼은 가능적으로 생명을 갖는 자연 물체의 최초 완성태[entelekheia 완전한 것이라는 의미, 현실태가 더 나아가(즉, 질료라는 변화하는 것에서 떨어져) 더 완전하게 된 상태를 가리킨다. 영혼은 생물의 목적으로서 완전한 것이다. 그런데 현실태와 완성태는 종종 같은 의미로 사용한다]이다', 또는 '스스로 운동과 정지의 원리를 갖고 있는 특정 자연 물체(생물)의 로고스이다' 등으로 정의한다.

가능적으로 생명을 갖는다는 것은 생명을 가질 수 있다는 의미이다. 이런 식의 설명 방법은 우리에게는 친숙해지기 어려운데, 아리스토텔레스는 눈의 비유를 들어 설명하고 있다.

만일 눈이 생물이라면 보는 것은 눈의 영혼일 것이다. 왜냐하면 보는 것은 눈의 본질 규정으로서 그 실체이기 때문에(눈은 보는 것의 질료라고 생각되고 있다) 이것(보는 것)이 이루어지지 않으면 이미 말뿐인 눈에 지나지 않는다. 그것은 바로 돌에 새겨졌거나 그려진 눈과 같은 것이다(『영혼에 대하여』).

시각은 인간의 감각 중에서 가장 추상적인 능력이다. 우리는 소리나 냄새에는 본능적으로 반응하지만, 볼 때는 여유를 갖고 본다. 모든 동물 가운데 사람과 원숭이의 눈이 가장 모여 있다. 그것은 사람과 원숭이의 선조가 공간 속에서 물체의 위치를 확실히 파악해야 할 필요에 쫓겼기 때문이었다고 한다. 즉 사람의 눈은 분석적인 눈이다.

눈이란 보기 위해 있는 것이다. 따라서 보는 것은 눈의 본실이라고 한다. 만일 볼 수 없는 눈이라면 그것은 전정한 의미의 눈이라고 할 수 없다. 이러한 단지 자연 물체로서의 눈을 아리스토텔레스는 가능적으로 눈이다(볼 수 있는 것이다)라고 생각한다. 그리고 눈이 진정한 의미로 눈인 것은 '보고 있을 때', 즉 눈의 현실태로 있을 때이다.

영혼에 대해서도 똑같이 말할 수 있다. 동물의 형체를 취하고 있는 것이 있어도 움직이지 않는 죽은 것이라면, 그것은 진정한 의미로 동물이라 할 수 없다. 그리고 이 가능적으로 동물인 것(동물의 몸)은 살아서 활동하고 있는 상태(동물의 현실태)를 향해 움직여진다. 영혼이란 살아서 활동하고 있는 상태의 형상, 또는 로고스라고 할 수 있다. 움직인다는 것은 단지 장소를 이동할 뿐만 아니라, 어느 상태(살아서 활동하고 있는 상태)로 변화하는 것도 말한다. 물론 질료는 그 자체로는 움직이지 않는다. 이 움직임은 영혼에서 나오고 있다.

그러면 영혼은 어떻게 생물을 움직이게 할까? 아리스토텔레스는 모든 생물에 공통된 영혼의 능력으로, 영양의 능력을 들었다. 그리고 소수의 생물에 감각의 능력이 있다. 그 중에서도 촉각의 능력은 모든 동물에 공통되며, 미각·청각·후각·시각이 있다. 물론 이 가운데 가장 고급 감각은 시각이다. 그리고 촉각은 모든 동물이 갖추고 있으므로 동물이기(움직이는 생물이기) 위해 필요한 감각으로, 그밖의 미각·청각·후각·시각은 동물이기 위해서 반드시 필요한 것이 아니므로 잘 있기(행복하게 있기)

위한 능력이라고 설명했다.

이와 같이 생명 가운데(또는 자연 전체 가운데) 목적의 사고 방법을 도입했으므로 아리스토텔레스의 생명관은 목적론적 생명관이라 한다. 이 잘 있기 위한 감각은 표상하는 것이나 욕구와 결합된다.

……만일 감각을 갖는다면, 표상력과 욕구를 갖기 때문이다. 생각컨대 감각이 있는 곳에는 고통도 쾌락도 있으며 이것들이 있는 곳에는 응당 욕구도 있기 때문이다(『영혼에 대하여』).

그러면 감각은 어떻게 작용할까? 아리스토텔레스는 감각이 질료를

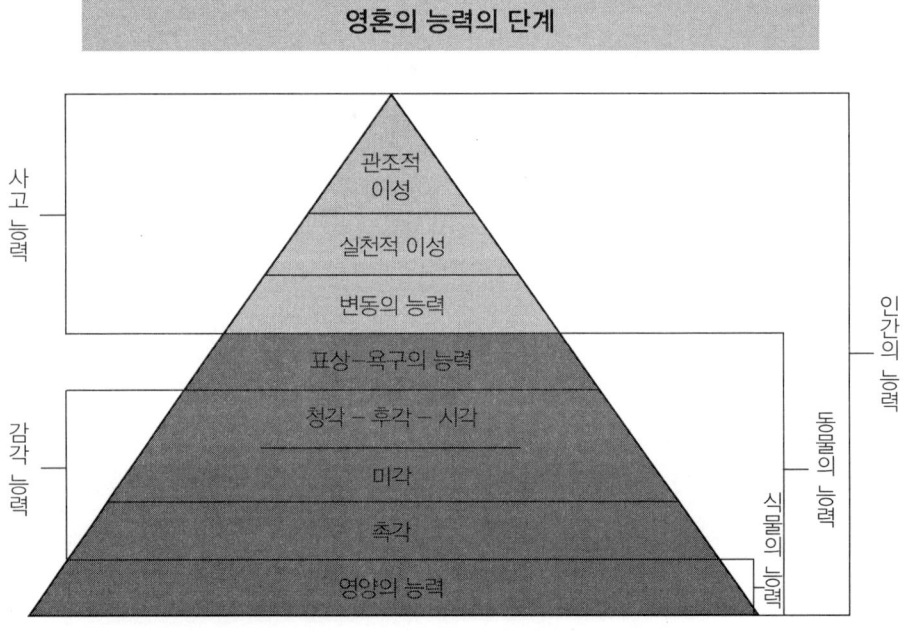

영혼의 능력의 단계

포함하지 않는 감각적인 형상을 받아들이는 것이라고 생각했다. 감각할 때는, 사물로부터 작용을 받는데(움직여지는데), 예를 들면 사과를 보고 있을 때는 사과의 형태와 색에 의해서만 작용을 받는다. 즉 사과의 질료에 의해서가 아니라 사과의 형상에 의해 작용을 받는다.여기에서도 아리스토텔레스는 인상과 밀랍의 비유를 들고 있다. 밀랍은 반지(로 된 인장)의 각인을 받아들이지만 반지의 재료인 금이나 철 자체를 받아들이는 것은 아니다. 어디까지나 인장에 새겨진 모습(형상)을 받아들일 뿐이다. 마찬가지로 감각도 색이나 냄새 또는 소리를 내는 개개의 것으로부터 무엇인가 작용을 받으나, 질료를 직접 받아들이지는 않는다. 내가 장미꽃을 보고 있어도, 장미꽃이 눈에 들어오는 것은 아니다.

아리스토텔레스의 감각에 대한 사고 방법의 뛰어난 점은, 인간의 추상 작용의 출발점을 감각에서 발견하고 있는 데 있다. 감각을 통해 받아들이는 형상은 아직 감각적인 형상이며, 인간은 이 형상을 한 번 더 생각해내 사유의 대상으로 할 때 순수한 형상(형상의 형상)을 받아들일 수 있다.

즉 아리스토텔레스는 절대적으로 구별된 2가지 항목(예를 들면, 플라톤에 있어서의 이데아와 현실의 세계)에서 출발하는 것은 아니다. 이것이 아리스토텔레스의 세계관의 특징이며, 중세의 세계관에 큰 영향을 주어 온 것이다.

확실히 그는 형상과 질료로 세계를 이분하지만, 형상과 질료의 관계는 단계적으로 겹쳐 있다. 인간과 동물의 구별에서도, 아리스토텔레스는 먼저 인간과 동물에 공통된 감각이라는 토대에서 사고를 시작하고 있다. 그리고 인간은 이 감각으로 얻어진 것을 다시 한 번 마음 속에 그림으로써(표상함으로써), 사고에의 길을 여는 것이다

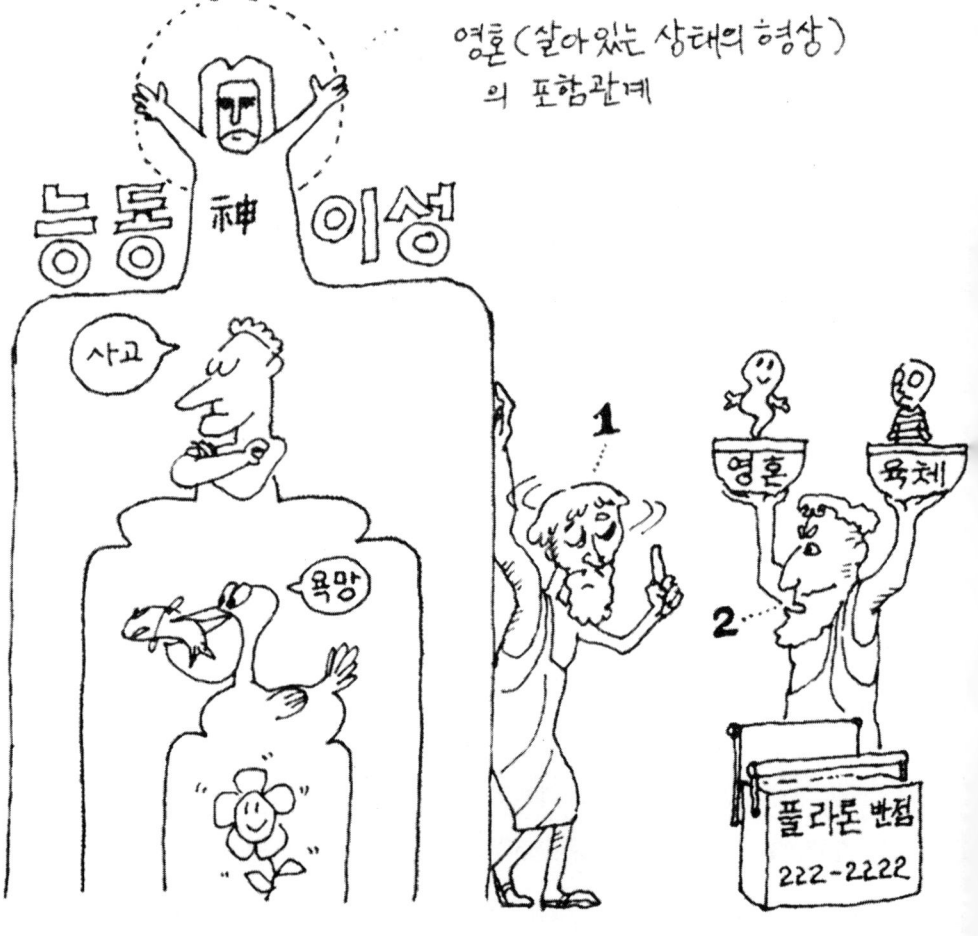

감각에서 사유로

사과

눈

눈은 사과의 형상. 형태와 색을 받아들인다. 그리고 이 감각한 것은 참된 것이다.

사과에 대한 표상

우리는 사과에 대해 여러 가지로 표상한다. 예를 들어. 이 사과는 맛있을 것이라고 표상할 수 있다. 그러나 벌레 먹은 사과도 있다. 여기서 오류의 가능성이 생긴다.

사과에 대한 의견

사과에 대한 이미지는 우리가 생각하는 소재(재료)이다. 우리는 이 이미지를 실마리로 하여 사과에 대한 의견을 갖는다. '이 사과는 맛있을 것이다.'

사과에 대한 사유

의견은 틀릴 수도 있다. 우리는 올해의 작황이나 맛있는 사과의 특징 등을 생각하여 이 사과에 대해 사유한다. 그리고 어떻게 사과를 살 수 있을지 궁리하고, 사과를 먹기 위한 방법을 생각하며(실천적 이성), 사과의 아름다움을 즐긴다(관조적 이성).

그러면 인간의 독특한 사고 능력이란 어떤 것일까? 먼저 아리스토텔레스는 감각이 틀릴 수는 없지만 사고가 틀릴 수는 있다고 생각했다. 왜 그럴까? 그것은 예를 들면 우리가 사과를 보고 있을 때, 사과를 보고 있는(보고 있는 것이 사과가 아니더라도) 것 자체는 항상 진실이기 때문이다. 잘못은 보고 있는 것을 사과라고 판단할 때 생긴다.

그것은 우리의 판단(아리스토텔레스는 의견이라 한다)이 표상(본 것을 한 번 더 마음 속에 그리는 것)을 대상으로 하고 있기 때문이며, 표상이란 일종의 본 것(감각의 현실태)에서 생기는 운동이므로, 반드시 정확한 판단을 하게 하지는 않기 때문이라고 아리스토텔레스는 생각했다. 이와 같이 우리는 사고의 재료를 감각에서 출발하여 표상을 통해 손에 넣는다. 즉, 우리는 아직 질료적인 것의 꼬리를 남긴, 표상되는 형상을 상대로 사고하는 것이다. 그러므로 영혼의 능력이란 추상적인 것(질료로부터 떨어진 것)을 점점 손에 넣어가는 단계이다.

단계는 서서히 올라가 사고의 능력도 변통의 능력에서 실천적 이성, 관조적 이성으로 상승해 간다. 그리고 2장의 마지막에 부동의 동자가 등장했듯이, 『영혼에 대하여』에서도 불멸이면서 영원한, 능동적인 이성 '신'이 등장한다.

우리 인간의 이성은 아직 육체에 붙어 있다는 점에서 아직 질료적인 이성이라고 아리스토텔레스는 말한다. 질료적인 이성은 육체(질료)를 갖고 있는 우리의 이성을 뜻한다. 질료적인 이성은 지식을 가질 수 있는 가능성이며, 원인으로서의 이성은 질료적인 이성 밖에서 존재한다. 왜냐하면 우리의 영혼은 변하기 쉽기 때문이다. 아리스토텔레스는 영혼으로부터 떨어져 변화하지 않는 이성을 능동적인 이성이라고 불렀다. 그런데 형상-질료의 관계를 차례로 올라 가면 질료적인 이성에 대해 더욱

▲ 스파르타 아크로폴리스에서 내려다본 공공 집회 장소.

더 형상에 가까운 것이 존재하게 된다. 아리스토텔레스는 그와 같은 전적으로 질료와 무관계한 이성을 '이것은 일종의 상태로 있다. 예를 들면 빛과 같은 것이다'라고 말하고 있다.

인간의 이성은 진정한 의미로 현실태에 있는(진정한 지식을 실제로 손에 넣고 있는) 이성이 아니다. 색을 띤 것은 그것만으로는 아직 가능태(색이 보여질 수 있는 것)이지만, 빛을 받으면 현실태(색이 보이는 것)가 되듯이 우리의 이성도 '섞임 없이, 그 본질이 현실태'인 순수한 이성에 대해 사고할 수 있다. 이 이성은 플라톤의 이데아의 세계에 해당하는 불사이면서 영원한 것, 움직여지는 일이 없는 것이며, 순수한 형상이라고 아리스토텔레스는 생각했다.

유럽 철학사란, 신의 합리적인 존재 증명을 위한 학문이며, 아리스토

▲ 아고라 광장: 민주주의라는 새로운 정치질서의 상징물

텔레스의 체계도 그 예에서 벗어나지 않는다. 그러나 능동적인 이성은 신이라고 할 수도 있으나, 동시에 순수한 지식의 세계라고 할 수도 있다. 왜냐하면 개개의 인간은 죽지만, 지식의 집적集積은 개개 인간의 죽음을 넘어 살아남기 때문이다. 그런데 그 지식의 집적이 인간이 만들어 낸 것이 아니라 영원 불멸의, 최초부터 있었던 것이라는 것이 고대 철학의 사고 방식이었다.

이 순수한 지식의 세계를 원인으로서 우리는 사유한다. 결과(목적)가 먼저 앞서 있다는 것이 아리스토텔레스의 세계관의 또 다른 특징이다. 그의 세계는 여기에 이르러 플라톤의 이데아 세계와 유사한 것이 된다.

인간은 폴리스적 동물이다

다음으로 아리스토텔레스가 정치에 대해 어떤 사고 방식을 갖고 있었는지 보자. 아리스토텔레스는 플라톤만큼 과격한 사상을 갖고 있지는 않았다. 그가 중요하게 여긴 덕은 '중용'의 덕, 즉 오른쪽에노 왼쪽에도 치우치지 않은 덕이었다.

또한 플라톤이『국가』에서 함께 다루었던 정치에 관한 학문과 윤리에 관한 학문은 각각『정치학』과『니코마코스 윤리학』에서 서술되고 있다.『정치학 Politica』과『니코마코스 윤리학 Ethica nicomachea』은 모두 아리스토텔레스의 주저로서『정치학』의 원제는『폴리스에 관한 모든 것』이며, 그리스의 여러 폴리스(도시 국가)에 관한 연구를 통합하고 있다.

『니코마코스 윤리학』은 아리스토텔레스의 아들 니코마코스의 이름이 붙여져, 여러 가지 선과 행복의 연구로 되어 있다. 그 중에서도 인간의 가장 행복한 상태는, 관조적인 생활에 의한 조용한 즐거움의 상태라고 했다. 폴리스의 이상이 해체되었을 때에 비로소 개인적인 도덕이 그 자체로서 문제가 되었던 것이다. 이미 사람은 폴리스만으로는 살 수 없는 시대가 된 것이다.

그러나 아리스토텔레스는 폴리스의 전통을 밟아,『정치학』의 서두에서 '인간은 본성상 폴리스적 동물이다'라고 정의하고 있다.

폴리스적 동물은 아리스토텔레스의 인간에 대한 정의의 하나인데, 이 정의에는 인간이 폴리스 가운데 있어야 인간이 될 수 있다는 사상이 포함되어 있다. 오늘날 우리가 사용하고 있는 정치라는 말은 폴리스에서 생겼으며, 이 아리스토텔레스의 정의도 '인간은 정치적 동물이다'로 바꾸어 말해지기도 한다.

아리스토텔레스의 이 같은 인간에 대한 정의는 근대적인 인간관과는 다른 것이었다. 즉 인간은 개인으로서가 아니라 폴리스 가운데서 비로소 인간이 될 수 있다고 아리스토텔레스는 생각했던 것이다. 그는 "본성상, 국가나 가정은 우리 개인보다 먼저 있다. 왜냐하면 전체는 부분보다 앞서 있는 것이 필연이기 때문이다"고 했으며, '공동으로 할 수 없거나 혹은 자족해 있어 공동으로 하는 것이 조금도 필요하지 않은 것은, 결코 국가의 부분이 아니다. 따라서 야수이거나 신이다'라고까지 말했다.

물론 여기서 아리스토텔레스가 말하는 국가란 그리스의 도시 국가인 폴리스의 경우이며, 오늘날과 같은 의미의 근대 국가는 아니었다. 그리고 이와 같이 폴리스 가운데서 인간을 생각하는 사상이, 인간을 사회적 존재로 파악하는 사상의 기원이 되고 있는 것이다.

또 한 가지 아리스토텔레스의 정치관, 사회관의 특징은 본성상(자연적으로)이라는 발상에 있다. 그에게 있어서는 정치의 목표도 플라톤과 마찬가지로 선한 생활의 실현이었는데 그것은 플라톤처럼 미리 절대적인 것(선의 이데아, 정의의 이데아)으로서 존재하는 것이 아니라, 인간의 자연적인 성질을 근거로 한 것이었다. 아리스토텔레스의 중용의 특징은 여기에서도 발휘되고 있다.

그러면 아리스토텔레스는 인간의 본성을 어떻게 생각했을까? 『정치학』의 최초 분석은 가족의 분석이다. 그렇다고 가족 문제를 분석하고 있는 것이 아니라, 가정家政의 분석이었다. 이 말은 가계를 연상하면 조금 틀린다. 예를 들면 노예(농부나 장인)를 잘 지배하는 것이나, 농장이나 작업장의 일에 관한 것까지 포함하고 있다.

가정(가족을 잘 경영하는 것)은 남편과 부인, 아버지와 자식, 주인과 노

▲ 알렉산드로스의 모자이크화

예의 3가지 관계를 포함하고 있다. 그리고 아리스토텔레스가 본성이라고 생각했던 것은 부인이 남편에게, 자식이 아버지에게, 노예가 주인에게 복종한다는 관계였다. 그것은 그가 노예제 사회에 살고 있었기 때문만이 아니라, 아리스토텔레스의 세계관 자체가 바로 계층적 질서를 중시하는 것이었기 때문이다.

  지금까지 우리는 아리스토텔레스가 순서적으로 계단을 올라가듯 이 영혼에 대해 설명한 것을 보아 왔다. 그와 마찬가지로 사회에 대해서도 말할 수 있는 것이다. 또 한 가지 이유는, 아리스토텔레스가 인간의 3가지 행동의 분류 중에서 관조를 첫 번째로 둔 데에 있다. 관조적인 생활을 하는 사람은 누군가에게 보살펴지지 않으면 안 된다. 이것은 현대의 관조적 생활인 과학에 있어서도 똑같이 말할 수 있다.

가정의 분석이 경제의 어원이 된 것은 가정 안에는 재산이나 재산을

▲ 정복자 알렉산더 대왕

모으는 방법이 포함되어 있었기 때문이다. 가족이라고 해도, 당시 아테네 시민의 가족은 노예에게 노동을 시키는 것을 포함한 일종의 경제 조직이기도 했다. 그 가운데서 아리스토텔레스는 '물건에는 2가지 쓰임이 있다'고 하여, '한편의 쓰임은 물건에 고유한 것이고 다른 쓰임은 고유한 것이 아니다. 예를 들면 신발에는 신발로서 신는 쓰임과 교환품으로서의 쓰임이 있다'는 분석까지 하고 있다. 이 발상은 마르크스가 사물의 가치를 사용 가치와 교환 가치로 구분한 사상의 기원이 되었다.

또 아리스토텔레스의 『정치학』은 화폐에 대한 최초의 본격적인 분석으로서도 주목할 만한 것이다. 이와 같이 아리스토텔레스는 현실적인 지식이 풍부했을 뿐만 아니라 현대 사상에도 통하는 놀라운 분석을 하고 있다.

그리고 그가 이상으로 하는 국가는 중용의 특징을 갖는 '한 눈으로 멀리 넓게 보이는' 소규모 폴리스이며, 거기서 실현되는 질서는 플라톤과 마찬가지로 각 개인이 분수를 알고 있는 아리스토크라시aristocracy(귀족제·현인통치제)였다. 아리스토크라시처럼 국가는 지배하는 것과 지배받는 것으로 이루어져 있다는 것이 아리스토텔레스의 기본적인 사상이다. 물론, 이 지배하는 것은 세습적인 귀족이 아니라, 우수한 통치 능력을 지닌 사람이다.

그러나 얄궂게도, 아리스토텔레스는 시대에 대해 공상적이었다. 인간의 본성에 따른 소규모 폴리스의 이상이 알렉산더 제국 시대에 말해졌을 때는, 인간의 본성만으로는 해결될 수 없는 문제가 있었던 것이다. 기원 전 338년 카이로네이아 전쟁을 계기로 세계의 중심은 헬라스(그리스 본토)를 떠나 그리스인이 보면 변방의 땅인 마케도니아로 옮겨 간다. 고전적인 폴리스의 몰락이 시작되고 있었던 것이다. 그것은 헬레니즘이라는 새로운 문화가 등장하는 시대이기도 했다.

  기원전 323년 알렉산더 대왕은 동방 원정 도중에 죽고, 그 다음 해 아리스토텔레스는 62세로 생애를 끝마쳤다. 이리하여 고대 철학의 영광 시대도 막을 내리게 되었다.

4. 신학이라는 간주곡

일반적으로 중세는 암흑시대였다고 한다.
그러나 절대적인 것을 추구하는 정신은
신학이라는 모습으로 수도원 안에서
순수 배양되면서 근대 철학을 준비한다.

들어가는 말

"중세라는 오랜 기간 동안, 유럽의
지적 전통을 보존했던 곳은 수도원이었다"

고대 철학을 완성시킨 아리스토텔레스부터 근대 철학의 기본을 세운 데카르트까지 1,900년 가까운 세월이 흘렀다. 유럽 철학사에서는 아리스토텔레스 다음에 데카르트를 두어도 지장 없을 정도로 유럽의 정신적 전통은 뿌리가 깊다. 실제로 데카르트 철학은 중세의 아리스토텔레스주의인 스콜라 철학에 대한 비판으로 생겨났다.

유럽의 지적 전통이 1,900년에 걸쳐 유지되었다는 사실은 그 뿌리깊음과 더불어 다음 2가지를 생각케 한다. 우선 플라톤과 아리스토텔레스가 절대적인 것을 추구했던 노력 그대로를 기독교의 존재 증명으로써 이용할 수 있었다는 것이다. 사실 중세의 종교화 가운데는 플라톤과 아리스토텔레스가 후광을 가진 성인으로 그려져 있는 것이 있다.

또 한 가지는 유럽의 지적 전통을 고대에서 중세까지의 과도기에 보존했던 곳이 교회, 특히 수도원이었다는 것이다. 중세는 고전·고대 문화의 수준에서 보면 암흑 시대였다. 게르만의 대이동으로 그리스·로마 문화가 갈리아의 어두운 숲 속으로 사라졌다.

그러나 수도원은 중세의 학교이자 변화의 중심지이며, 문자 그대로 갈리아(지금의 프랑스)와 게르만(지금의 독일)의 숲 속에 외로이 존재한 정신이다(유럽이 열린 것은 대략 12, 13세기). 수도원의 규칙적인 생활, 거기에 신에 대한 봉사라는 이데올로기로 무장된 노동관이 수도원과 근대를 잇고 있다. 예를 들면, 기도 시간을 정확히 알리기 위해 시계가 최초로, 실용적으로 그리고 가장 많이 사용되었던 곳은 베네딕트파의 수도원이었다. 시계란 근대 생활의 리듬을 의미한다. 즉 수도원이란 철학이 아카데미아나 철학의 공동 단체 안에 보존되어 있던 '초월적인 것에 대한 관념'을 지상 생활의 방식으로 바꾸는 중계점이었다. 그리하여 그리스 로마문화의 정신은 수도원 안에서 순수 배양되어 갔고, 이 순화된 정신은 근대의 초석이 되었다.

1. 에피쿠로스와 스토아학파

아리스토텔레스 이후의 역사는 헬레니즘 시대와 로마 제국 시대지만 새로운 철학의 체계는 세워지지 않았다. 로마인은 현실적 정신의 소유자였기 때문에, 지상에 로마 제국이라는 현실적인 지배 체계가 등장했을 때 철학자의 눈은 개인 생활로 향했다.

헬레니즘 시대에서 로마 시대에 걸친 철학으로는 에피쿠로스와 스토아 학파를 들 수 있다. 흥미롭게도 고대로부터 중세에 걸친 철학사에서는 이오니아 자연학풍 사상—신비주의·플라톤주의—아리스토텔레스주의라는 형태가 재현된다. '쾌락의 철학자'로 알려진 에피쿠로스Epikouros(BC 342~BC 271)는 데모크리토스의 원자론을 계승하고 있다.[1]

---

1. 에피쿠로스와 데모크리토스
이 두 사람의 원자론의 차이는 젊은 마르크스의 학위 논문의 소재로 유명하다. 그 차이점은 에피쿠로스가 원자의 운동에 일종의 자유(편차)를 인정했다는 것이다. 여

▲ 데모크리토스

에피쿠로스 쾌락주의를 주장했던 헬레니즘 시대의 철학자였다. 그는 아테네에 학원(에피쿠로스 학원)을 만들어 일종의 은둔 생활을 했는데 이오니아 자연학풍의 『자연에 관하여』라는 책을 남기고 있다. 에피쿠로스에 따르면 죽음이란 영혼을 만들고 있는 원자가 단지 흩어지는 것으로, 조금도 나쁜 것이 아니며, 신이란 가장 작은 원자이므로, 세상의 것과는 무관하다. 에피쿠로스 철학의 연구 주제는 어떻게 해야 개인의 마음을 혼란스럽게 하는 여러 가지 원인을 없앨 수 있을까 하는 것이었다.

여기에 소크라테스 이전의 철학과는 다른 시대의 영향이 있었다. 에피쿠로스에 따르면 우리의 마음을 혼란하게 하는 여러 가지 생각은 억견臆見이다. 그는 그것들의 잘못된 사고 방법에 대해 올바른 진상을 전달함으로써 우리의 마음을 평온하게 하려 했다.

예를 들면 에피쿠로스는 '죽음은 우리와 무관하다. 왜냐하면 우리가 살아 있을 때는 죽음이 존재하지 않고, 죽음이 있을 때는 우리가 존재하지 않기 때문'이라고 말하고 있다. 즉, 죽음에 관해 고민할 필요가 없다는 것이다.

기에서도 에피쿠로스는 맹목적인 필연이라는 공포로부터 사람들을 해방시켰다.

▲ 에피쿠로스의 상

▲ 초기 기독교회

에피쿠로스는 오늘날 쾌락의 철학자로 알려져 있다. 오늘날 향락주의자 즉 에피쿠로스주의자라고 하면 인생을 비뚤어지게 보고 오로지 쾌락과 술, 음식과 여자를 추구하는 사람들을 가리킨다. 이것은 인생에 대한 절망의 한 형태인데, 오늘날에도 에피큐리언 epicurean이라는 영어는 식도락가를 의미한다.

그러나 에피쿠로스가 추구한 쾌락은 오히려 안심입명 安心立命의 경지에 가까운 평온한 쾌락이었다. 예를 들면, 신은 이 세상과는 무관한 원자라는 에피쿠로스의 사상은, 신의 벌에 무서워하고 있던 당시 사람들에게 있어서는 큰 구원이었을 것이다. 신이 없어지면 불안하게 생각하는 것은 오히려 근대인의 병일지도 모른다. 또 공공 생활은 사람을 괴롭히는 것이라 하여 에피쿠로스는 이것을 피했으며, 결혼도 하지 않았다.

고로 에피쿠로스가 시도한 것은 우리의 마음을 신과 죽음이라는 공포로부터 해방시키고 영혼에 평안을 가져오게 하는 것으로, 쾌락이라는 것도 은둔자풍의 쾌락이었다. 에피쿠로스는 그와 같은 평온한 영혼의 상태를 아타락시아ataraxia라고 불렀다. 무엇이 행복인가라는 토론 가운데 나의 밖에 있는 것을 추구하는(신, 이데아, 그외 여러 가지 초월적인 것) 것인가, 아니면 나의 신체와 영혼을 문제로 하는 것인가는 첨예하게 대립하는 견해이다.

에피쿠로스는 "신체의 건강과 영혼의 평정만이 행복하게 사는 궁극적인 모습이다."고 말한다. 이 말은 성실한 사람들에게는 대단한 향락주의로 비쳤음이 틀림없다. 그러나 에피쿠로스가 추구한 쾌락은 우리의 신체와 영혼이 일체 다른 것(예를 들면 고통과 공포)에 휩쓸리지 않는 평온한 상태였던 것으로, 에피쿠로스는 이 아타락시아를, 우리의 신체와 영혼이 무엇에도 좌우되지 않기 때문에 자유라고 생각했던 것이다. 그것은 신의 경지라 해도 될 것이다. 일반적으로 이오니아 자연학적인 사상은 원자라는 우주관 말고는 동양 철학과 비슷한 점이 많다.

한편 스토아 학파는 로마 제정기까지의 긴 역사를 가진 로마 시대의 소위 양심이 된 철학이다. 그들도 우주를 이루고 있는 일종의 불에서 만물이 만들어지고 있다는 이오니아 자연학풍의 세계관을 갖고 있었다. 이 불은 '신이라고도' 불린다.

스토아 학파가 도덕주의였던 까닭은 그들의 우주관이 에피쿠로스와는 달리 결정론적이었기 때문이다. 즉 신(또는 우주)의 섭리(로고스)를 따라 생활하는 것이야말로 이성이 해야 하는 일이기 때문이다. 이러한 세계관의 아주 작은 차이가 현실의 태도를 완전히 바꿔 버린다. 그러므로 세계관이란 무서운 것이다.

▲ 에피쿠로스

그 대신에 스토아 학파 사람들은 현실의 인생에 맞부딪쳐 갔다고 말할 수 있다. 예를 들면 스토아 학파의 대표적인 철학자 중 한 사람인 로마 황제 마르쿠스 아우렐리우스는 페르시아 원정 중에도 철학서를 펴서 읽고 있었다. 그들 역시 헤라클레이토스처럼 우주는 일종의 불인 로고스에서 만들어졌다고 생각했다. 그들의 생활 목표인 '로고스에 따라 생활한다'는 것은 우주의 섭리에 따라 생활하는 것을 의미한다. 여기에도 헤라클레이토스의 소우주라는 사상이 계승되어 있다.

이처럼 인간을 자연과 일치시켜 모든 인간은 같다고 생각하는 사상에서 스토아 학파는 세계시민주의(코스모폴리탄 cosmopolitan)의 이념을 갖고 로마라는 세계 제국에 어울리는 도덕 사상이 되었다. 스토아 학파의 또 하나의 중요한 사상은 세계시민주의였다. 그들은 모든 인간이 이성을 갖고 있기 때문에, 모든 인간은 동포라고 생각했다.

이것은 이성주의의 적극적인 일면이다. 물론 스토아의 세계시민주의는 로마 시민권의 로마적 세계로의 확대에 대응하고 있었던 것이다. 은둔자풍의 에피쿠로스 학파에 비해 스토아 학파, 특히 후기 스토아 학파는 플라톤 – 아리스토텔레스적인 '선'의 사상도 계승하여 로마 제국의 공인된 도덕이 되었다.

그노시스주의와 신플라톤주의

에피쿠로스와 스토아 학파의 사상은 소크라테스 이전의 이오니아 학파가 그랬던 것처럼 일종의 합리주의였다. 그런데 로마 제국이 그 황금의 빛을 잃어가는 서기 1세기에서 2세기 사이에 역시 동방으로부터 신비주의적인 사상이 전해졌다. 이 시대는 또한 기독교가 로마 제국 전역으로 급속히 확장되어 가던 시기이기도 했다. 따라서 동방에서 전해진 신비주의인 그노시스주의는 기독교와 깊은 관계를 맺고 있었다.

그노니스gnosis주의는 이 지상의 세계가 타락한 구약의 신인 야훼(여호아)에 의해서 창조되었다고 주장했다. 이 점에서 그노시스주의의 선악 이원론은 조로아스터교와 마니교의 선악 이원론과 명백한 관계가 있다. 그리스화된 이와 같은 동방 사상이 기독교에도 영향을 끼쳤을 때, 이단으로서의 그노시스파가 생겨난 것이다. 왜냐하면 이 지상이 물질적인 세계는 그 자체로 악이기에, 이 세계를 창조한 신이 '선의 신'일 리는 없기 때문이다. 지상은 항상 모순으로 차 있다. 선악 이원론은 이 지상의 모순을 신들의 세계로 투영하려고 하는 발상이다. 그런데 그노시스주의에 의해 철학의 절망은 결국 물질에 대한 절망에까지 이르렀다.

고로 그노시스주의는 초기 기독교에 대한 최대의 이단으로 알려진 사상으로, 기독교의 교리는 그노시스주의와 투쟁하면서 만들어졌다고 해도 지나치지 않을 정도이다. 그노시스주의의 기원은 기독교보다 더 오래되었는데, 오리엔트의 여러 종교와 그리스 철학이 서로 섞여 생긴 사상인 듯하다. 이 사상이 기독교에도 영향을 끼친, 오늘날 알려진 그노시스주의가 되었다.

▲ 그노시스주의

그노시스란 그리스어로 지식을 뜻하는 말이다. 그런데 그리스 철학에서 지식이 처음에는 신비적인 것에서 출발하여 점점 말로써 진리를 전달한다는 지식, 즉 말하여질 수 있는 로고스로 되어 갔던 것에 반해, 그노시스주의가 목표로 했던 것은 신과의 합일을 지향한 신비적인 지식이었다. 유럽의 합리주의는 그 조상인 오리엔트의, 영혼과 육체의 직접적인 일치를 지향하는 사상에 항상 동요되는 운명을 갖고 있었다.

그러나 디오니소스교가 철학 안으로 녹아들어 갔던 것처럼 이 시대에도 그노시스주의의 영향을 받은 보다 합리적인 철학이 성립된다. 그것

은 플로티노스를 대표자로 하는 신플라톤주의 철학이었다.

이집트 태생의 플로티노스Plotinos(205~269?)에 의해 실질적으로 시작된 신플라톤주의 철학은 소위 최후의 그리스 철학으로, 기독교가 확대되고 그노시스주의라는 신비주의가 유행하는 시대의 영향을 강하게 받으면서, 신비적인 것을 그리스 철학의 전통인 로고스라는 방법에 의해서 합리화하려고 한 철학이었다.

▲ 플로티노스

플로티노스가 사용한 주요 개념은 일자-者,² 지성(예지), 질료, 자연이라는 그리스 철학의 것이었다. 플로티노스의 질료라는 말은 일체의 것이 없는 완전한 무라고 생각할 수 있다. 즉 플라톤에 비해 플로티노스는 초월적인 것을 보다 절대적인 가치라고 보았으며, 현실을 철저히 무가치한 것으로 생각했다. 플로티노스는 이 세계에 근거를 부여하고 있

---

2. 일자-者
예를 들면 내 눈앞에 있는 컵도 하나의 물체(일자)다. 그러나 철학이 추구하는 일자는 절대적인 일자, 즉 완전하고 모든 것의 근거가 되는 일자이다. 일자는 또 선한 것이기도 하다. 그것은 플라톤의 선의 이데아에서 유래하는 것이다.
존재(파르메니데스) → 선의 이데아(플라톤) → 일자(플로티노스) → 전능의 신(기독교)이라는 완전한 것의 계열이 이렇게 해서 완성되었다.
이와 같이 완전한 것에 대한 것을 생각해냈던 것은, 우리의 몸을 불완전한 것으로 생각했기 때문이고, 또 불완전한 것은 완전한 것에 의해서 생겨나야 한다는 사상에 의해서였다. 일체의 철학에는 현실에 대한 깊은 절망이 숨겨져 있다.

는 신을 '일자'라고 불렀다. 이 말에서 우리는 파르메니데스의 '있는 것 (존재하는 것)'을 떠올릴 수 있다. '있는 것'이란 부분을 갖지 않는 '하나인 것'이었다. 즉, '일자'란 완전무결한 것에 철학이 부여한 통칭인 것이다. 플로티노스는 또 이 '일자'를 '근원적인 미'라고 생각했다. 여기에서도 플로티노스의 철학은 플라톤에 가까운 것이며, 신플라톤주의란 플라톤의 신비적인 요소를 확대한 철학이라고 말할 수 있다.

만물은 일자로부터 생겨나 일자로 돌아가려 한다. 그런데 우리는 플라톤의 선의 이데아에 이를 수 없듯이, 일자 역시 이해할 수 없다. 단지 접근할 수 있을 뿐이다. 신플라톤주의에도 강력한 현실 부정의 정열과 신비주의가 결합되어 있다. 또한 그들의 철학의 목적도 자기를 벗어나 (엑스터시) 일자와 합일하는 것이었다. 사람이 사유하는 것도, 꽃이 피는 것도 단지 일자에 접근하기 위해서라고 플로티노스는 말했다.

그런데 이처럼 저편에 있는 '일자'와 현실의 세계는 어떻게 관계하고 있을까? 플로티노스는 태양과 샘의 비유를 들어 양자의 관계를 설명했다. 태양은 끊임없이 만물에 빛을 주지만 자신은 언제나 변치 않는 밝기로 빛나고 있다. 또 샘은 계속해서 솟아나오지만 마르지 않는다. 플로티노스는 이 관계를 '유출'[3]이라고 명명했다. 이것은 확실히 잘된 설명으로 기독교의 발상과 근대 철학의 발상에까지 암시를 주는 것이었다.

---

3. 유출이라는 사고를 이해하기는 어렵지만 유럽의 사상사를 이해하기 위해서는 빠뜨릴 수 없는 부분이다. 예를 들면 헤겔의 소외라는 개념을 이해하기 위해서도 유출이라는 사상을 확실히 알아둘 필요가 있다. 유출이라는 것은
ⓐ 일자는 끊임없이 우리의 존재에 근거를 부여하고 있다.
ⓑ 그러나 아무리 우리의 세계에 근거를 계속해서 부여해도 감소하지 않는다.
라는 2가지 생각에서 성립되고 있다. 유출이라는 사상은, 소위 완전한 것과 불완전하고 유한한 세계를 잇기 위해 철학이 생각해 낸 고육지책이다.

또 한 가지 플로티노스 사상의 특징은 '일자'와 이 세계를 연결하는 누스nous라는 존재를 생각했다는 것에 있었다. 누스는 지성이나 예지로 번역되며, 이성 또는 정신에 주어진 신비적인 이름이었다. 누스란 신이 사유한 결과 산출된 이데아의 세계라고 생각하면 이해하기 쉬울 것이다. 우리는 누스를 로고스 또는 정령으로 생각할 수도 있다.

신플라톤주의가 고대와 중세를 잇는 다리가 되었던 것은 그리스 철학의 성과를 종교적 형태로 정리하여 기독교에 인도했기 때문이었다. 그 가운데서도 일자-누스-우리의 영혼이라는 세계의 3분법은 기독교의 삼위 일체론의 성립에 큰 영향을 끼쳤다고 한다. 곧 유럽 철학사에서 빛은 진리의 은유(111쪽 참조)이다. 우리는 태양을 직접 볼 수 없듯이, 직접 일자를 이해할 수도 없다. 햇빛이 퍼져 지상을 감싸는 빛이 되듯이, 이 세계는 누스에 의해서 감싸여 있다. 그리고 우리가 빛을 볼 수 있는 기관인 눈을 갖고 있는 것처럼, 우리 영혼의 순수한 부분은 누스와 통하고 있다.

아우구스티누스와 종말론

시대는 중세로 바뀐다. 중세는 신학의 시대다. 신학은 우리의 철학사 여행과 별 관계가 없다고 생각하는 독자도 있을지 모른다. 그러나 우리가 고대 철학의 여행에서 보아 왔듯이 신비주의도, '합리적인' 철학도, 신학도 하나의 연속이다.

기독교 신학의 최초의 거인은 아우구스티누스이다. 기독교의 역사를 생각하면 유대의 지방 종교에서 출발한 기독교는 그리스 철학의 성과

▲ 마니교는 조로아스터교, 석가모니, 예수의 가르침이 담고 있는 부분적인 진리들을 하나로 통합해 보편적 종교를 창시하고자 했다.

를 도입함으로써 세계 종교, 보편적 종교가 되었다고 할 수 있다. 그것을 위한 노력은 바울에서 시작된다. 바울Paulos은 처음에는 유대 교도로서 기독교를 탄압했지만 서기 36년 하늘의 계시를 받아 기독교로 개종한다. 바울은 그리스 문화의 교양을 풍부히 가지고 있었던 사람으로, 그에 의해서 단순하고 조잡한 유대의 지방 종교였던 기독교는 그리스적인 논리를 받아들여 세계 종교로 크게 발전했다. 즉 기독교를 합리화시킨 사람이다. 초기 기독교 교회의 많은 교부敎父들이 업적을 남겼지만 그 가운데서도 아우구스티누스는 최대의 교부로 그에 의해서 기독교는 철학에 필적하는 체계를 갖추게 되었다.

아우구스티누스Augustinus(354~430)는 지금의 알제리에서 태어난 기독교 최대의 대부이며, 초기 기독교의 합리화에 가장 큰 역할을 했다. 로마 제국의 국교로 된 이래 기독교의 교의에 대해서 여러 가지 이견이 생졌다. 아버지와 아들과 성령은 어떻게 관계하고 있는 것인가라는 논쟁 등에서 그 중 패한 것은 이단으로 배척되었으며 승리한 교의가 가톨릭 교회의 것으로 남았다. 아우구스티누스는 그 교의의 확립에 크게 공헌했던 사람이다. 주저로는 『고백』과 『신국神國』이 있다.

아우구스티누스가 살았던 시대는 로마 제국 말기 게르만속의 대이동으로 로마의 고대 문화가 무너지던 시대였다. 이 혼란한 시대에 걸맞게 아우구스티누스도 파란만장한 일생을 보냈다. 그는 청년기에는 정욕에 탐닉했으며 마니교를 믿고 회의론에 빠져 방황하는 생활을 보낸 후, 신플라톤주의를 공부한 것이 계기가 되어 기독교로 돌아섰다.

당시 마니교Manichaeism는 고대 페르시아의 조로아스터교에서 생겨난 종교로 기독교의 영향을 받았다. 마니(3세기 사람)가 주창했다. 조로아스터교의 기본적인 생각인 선과 악의 이원론 위에 성립되었다. 마니교 역시 카타르시스의 사상을 갖고 있었는데, 디오니소스 신앙처럼 야단법석스러운 것이 아니라 계율과

▲ 아우구스티누스

점성술 가운데서 추구하려고 했다.

아우구스티누스가 신플라톤주의에서 배웠던 것은 인간의 정신을 넘어선 초월적인 것이 실재한다는 생각이었다. 그것에 의해서 그는 속세의 향락적인 태도로부터 손을 뗀다. 왜냐하면 참된 것은 인생의 밖에 존재하는 것임을 알았기 때문이다.

물론 이 회개에는 실제로 신비적인 체험이 있었으며, 아우구스티누스는 신플라톤주의를 그대로 수용하지는 않았다. 가장 큰 차이는 악에 관한 사고였다. 마니교는 선과 악의 이원론인데, 그노시스주의 또한 지상을 지배하고 있는 것은 악의 신 야훼(에호바)라고 생각했다. 그노시스주의는 구약 성서를 악의 신에 관한 기술이라고 생각했다. 이전의 디오니소스교가 그랬듯이 이처럼 오리엔트에서 들어온 종교 사상에는 지상의 나라에 대한 절망이 담겨 있다.

아우구스티누스도 이들 사상의 영향을 받아 지상의 나라와 악의 나라라는 서로 다른 원리가 지배하고 있다고 했으며, 악이란 선과 대립하는 것이 아니라 선의 결여라고 생각했다. 이 미묘한 차이는 오리엔트에서 들어온 과격한 종교 사상을 누그러뜨려 아우구스티누스의 체계를 가톨릭 교회의 신학으로 채용할 수 있게 했다.

아우구스티누스 사상의 또 하나의 큰 영향은, 신의 나라와 지상의 나라 간의 싸움의 귀결로써 종말론을 구성한 데 있다. 종말론은 기독교 사상의 중심이라고 해도 좋을 것이다. '최후의 심판'으로 알려져 있는 사상으로, 종말론의 입장에 설 때 시간은 구원으로 향한 역사가 된다.

신국神國은 그리스도의 탄생에 의해서가 아니라, 그리스도의 재림시에 실현되며 그때 복음은 널리 퍼져 나간다. 물론 이 구원을 받지 못하는 사람들도 있을 것이다. 아우구스티누스에 따르면 벌이란 플라톤 학파

▲ 수도원에서의 생활

가 생각했던 것처럼 교정을 위한 것은 아니다. 최후의 심판에 의해서 신국에 속하지 않는 것은 제2의 죽음으로 불리우는 영원한 죽음을 맞는다. 이제까지 그리스 사상에는 종말론이라는 발상이 없었다. 그가 역사를 종말로 향하게 함으로써 역사는 비로소 목적과 의미를 가지게 되었다. 근대의 진보 사상이 사실은 역사에 '진보'라는 의미를 부여한 사상임을 생각하면, 아우구스티누스가 해낸 역할은 컸다고 말할 수 있다.

그래도 아우구스티누스는 아직 혼란한 시대의 사상가였다. 그는 의심 가운데서 영원한 진리를 발견하는 방법을 취했으며 계시를 중시했다. 계시란 신이 인간에게 진리를 전하는 것이다. 그러므로 계시는 반드시 이성적인 추론의 형태를 취해 나타나는 것이 아니라, 어떤 때는 비합리적으로 보이는 초자연적인 인식으로 우리에게 '찾아온다.' 그런 의미에서도 아우구스티누스는 고대 철학과 고대 말기에 유럽에 흘러들어온 신비주의의 영향을 크게 받았다.

토마스 아퀴나스와 스콜라 철학

아우구스티누스와 함께 기독교 신학을 완성한 또 한 사람이 있다. 그가 토마스 아퀴나스Thomas Aquinas(1225~1274)이다. 토마스 아퀴나스는 이탈리아에서 태어났으며, 도미니크회의 수도사이며 중세 최대의 체계가이다. 신성 로마 황제의 친척이기도 하며, '스콜라 철학의 왕', '천사 같은 박사' 등으로 불렸다. 한 마디로 말해 매우 훌륭한 사람이다. 아리스토텔레스의 질료와 형상이라는 이분법이 아퀴나스의 기본적인 개념으로, 아퀴나스는 아리스토텔레스가 그랬던 것처럼 이 2개의 개념을 사용해서 자연을 분석했다. 토마스 아퀴나스가 살았던 시대는 중세가 11, 12세기의 혼란을 극복하고 질서를 굳힌 시대였다. 이 시대의 차이가 두 사람의 철학의 차이를 만들고 있다. 토마스 아퀴나스에 의해 시작된 신학 체계는 스콜라 철학으로 불린다. 오늘날 스콜라적이라고 하면 무의미하고 형식적인 번거로운 논의를 가리키는데, 원래 스콜라는 학교라는 의미이다. 스콜라Schola 철학은 간단히 말해 중세의 학문적인 신학이다. 스콜라는 원래 여가를 의미했는데 그 의미가 바뀌어 학교(즉 여가를 주체하지 못하는 사람이 있는 장소)를 의미하게 되었으며, 또 학교에서 연구되고 있는 신학을 의미하게 되었다. 스콜라 철학의 역사는 9세기 전부터 시작되어, 토마스 아퀴나스 시대에 최전성기를 맞는다. 신앙과 철학을 분리했으며 신앙도 반이성적인 것은 아니라고 했다.

시대가 바뀌고 신학 연구 기관이 정비되자 신학도 계시보다는 말을 중시하게 되었다. 이런 변화를 통해 스콜라 철학이 그 기초로써 채택한 것은, 플라톤이 아니라 당시 문화적 선진국인 이슬람권에서 소개된 아리스토텔레스의 철학이었다.

아우구스티누스는 신과 인간의 관계를 계시라는 말로 나타냈고 토마스 아퀴나스는 신앙과 철학의 조화로 설명했다. 철학(신학)이란 은총의 세계가 존재하는 것을 말로써 합리적으로 증명하는 것이다. 이와 같이 토마스 아퀴나스에 의해 신학은 정의定義를 중시하는 신의 증명이 되어 이 세계를 신과의 관련 아래 설명하려는 사상이 되었다. 철학이란 최종적으로는 신을 증명하는 일이라고 이제까지 말해 왔지만 철학이 이신론理神論(신의 존재 증명)이라는 성격은 토마스 아퀴나스 이후 더욱 강해진다.

유럽 철학사에 서로 얽혀 존재하는 2가지 조류는 플라톤주의와 아리스토텔레스주의다. 우리가 유럽의 합리주의를 말할 때는 자연을 초월한 세계를 향해 로고스로 상승해 가는 방향(플라톤주의적인 방법)과 자연(이 세계)의 다양한 존재를 말로 설명해 가는 방향(아리스토텔레스적인 방향)이라는 2가지 경향이 있다. 물론 이 2가지를 완전히 나누어 생각할 수 없지만 중세 신학에서도 플라톤주의와 아리스토텔레스주의가 재현되었다.

토마스 아퀴나스의 신학이 받아들여진 또 다른 이유는, 아리스토텔

▲ 토마스 아퀴나스

▲ 윌리엄 오컴

레스의 세계관이 계층적인 질서로 이 세계를 설명하려 한 것으로서 중세 사회에 꼭 들어맞았기 때문이었다. 중세는 교회를 필두로 봉건 영주, 그들의 신하, 그리고 농노라는 신분으로 구분된 사회였다. 그러므로 아리스토텔레스 철학을 기초로 한 토마스 아퀴나스의 사상은 중세의 질서를 설명하기 쉬운 이론이기도 했다.

인간 위에 천사라는 계층을 둔 스콜라 철학에서는 천사는 질료를 갖지 않는다는 의미에서 순수한 지성으로, 신으로부터 그 존재를 받고 있다(수동적이다)는 점에서 본질과 존재의 합성체라고 정의하고 있다. 우리는 이 천사의 정의에서 아리스토텔레스의 부동의 동자에 관한 이론, 합성체[4]에 관한 이론, 감각에 관한 이론을 생각해 낼 수 있다.

그런데 스콜라 철학의 번잡한 논의 속에서 근대 철학은 준비되었다. 후기 스콜라 철학에서는 중세 최대의 논쟁인 '보편 논쟁'이 전개되었다. 아리스토텔레스가 플라톤의 이데아론을 비판하여 이데아는 개체와 더

---

4. 합성체
질료와 형상이 합성된 것이다. 즉 아리스토텔레스가 개체를 가리켰던 개념에 기초한다(152쪽 참조). 여기에서 말하는 천사의 합성 방식은 조금 다르다.

붙어 있다고 했던 것을 상기해 보면 좋을 것이다. '보편 논쟁'이란 보편이 개체와 떨어져 독립적으로 존재하고 있는지를 둘러싼 논쟁이었다.

예를 들면, 소크라테스라는 개인(개체)에 대해 인간이라는 종種이 보다 보편적이다. 그러면 인간이라는 것이 소크라테스에 앞서 존재하는 것인가? 아니면 인간이라는 것은 단지 이름에 불과한 것인가? 전자의 입장을 실재론, 후자의 입장을 유명론이라고 한다.

유명론唯名論이란 예를 들면 이 사과 저 사과에 대한 사과 일반을 말한다. 기독교는 이전에 플라톤의 이데아론이 그랬던 것처럼 개체는 보편을 부분적으로 갖고 존재하고 있다고 생각했다. 그러나 개체가 먼저 있고 보편은 '개체의 뒤에 있는 이름' 또는 '소리로 나오는 완전'이라는 것이 유명론의 주장이다. 신은 당연히 보편적인 것으로, 유명론의 생각을 철저히 해 갈 때 신학과는 반대의 사고가 생긴다.

그러나 이 유명론의 입장을 따른다면 가톨릭 교회의 교리는 무너지지 않을 수 없었다. 왜냐하면 가톨릭이란 바로 보편적인 교회였기 때문이다. 14세기 유명론의 대표자는 윌리엄 오컴 Occam, William(1285~1349)이다. 오컴은 영국의 스콜라 철학자로서 감각적인, 직감적인 인식이 우선 진리라고 말한다. 후에 영국 경험론(제 7부 참조)의 선구라고도 할 수 있는 사상을 주장하여 로마 법왕청으로부터 이단 선고를 받고 금지되었다. 이 유명론의 연장선 위에서 근대의 과학 사상과 훨씬 뒤의 영국 경험론이 나타난다.

5. 데카르트와 명석한 정신

데카르트는 자연과 정신이라는 이원론으로
근대적 세계관의 기본을 만들었다.
명석한 정신에 의해 객관적 진리를
알 수 있다는 이 철학은,
아리스토텔레스의 흐름을 잇는
중세의 스콜라 철학에 대비해서,
근대에 부활한 플라톤주의라 할 수 있다.

들어가는 말

"우리는 중세의 암흑에서 정령을 추방한 근대의 빛 한가운데서 살고 있다"

탈레스에서 시작한 우리의 철학사 여행은 드디어 근대의 문턱에 이르렀다. 근대란 우리가 그 안에서 살고 있는 시대이며, 이제부터 기술할 근대 철학사에 의해 우리의 사고 방식의 기본이 만들어진 시대이다.

먼저 근대의 사고 방식을 간단히 설명해 보자.

지금 내가 테이블 위에 있는 컵을 응시하고 있다고 하자. 컵이 있는 장소에는 단지 컵밖에 없다. 그리고 나는 컵을 응시하면서 여기에 컵이라는 물체가 있다고 생각하고 있다. 까다로운 현상의 경우에는 여러 가지 가설을 만들어 실험하면서 확실히 해야하겠지만 컵이 있다는 나의 판단은 올바른 것이다. 이 너무나도 단순한 장면에 근대 세계관의 기본이 담겨져 있다.

 이 이야기가 상식에 불과한 것이라면 그것은 우리가 무의식 중에 근대라는 세계관의 틀 속에서 사고하고 있기 때문이다. 거기에는 나라는 인식하는 정신과 컵이라는 물체의 존재가 의심없이 전제되고 있다. 그러므로 우리는 '여기에 물체가 있다'는 단순한 말의 배경과 의미를 명확하게 이해하지 않으면 안 된다.

1. 근대의 개막과 갈릴레오

 흔히 근대는 빛의 시대라고 한다. 우리는 근대적인 사물의 관찰 방법과 함께 명석한 정신을 도입했다고 말할 수 있다. 데카르트의 철학이야말로 이와 같은 명석하고 엄밀한 근대적 정신을 대표하는 철학이다.
 데카르트Descartes(1589~1650)는 프랑스에서 태어났다. 정신과 자연의 이원론으로 근대 철학의 기본을 세운 철학자이다. 처음에는 예수회의 학교에서 스콜라적인 교육을 받았지만, 학교(스콜라) 교육에 불만을 품고 군대에 지원해, 그곳에서 수학 연구를 시작했다. 데카르트는 그의 방법에 대한 힌트를 꿈 속에서 얻었다고 한다. 몇 번의 여행 끝에 네덜란드에 정착해 연구를 계속했다. 데카르트에게는 신비주의적인 요소가 있으며, 중세의 비밀 결사인 장미십자회와도 접촉이 있었다.
 그런데 이제까지의 우리의 여행에서 근대가 정말로 멋진 시대라고는 할 수 없다. 중세 유럽은 아래의 그림에서 보듯이 확실히 암흑 시대였다. 뷰리겔(네덜란드 화가, 1525~1569)은 이 그림에서 배불리 먹은 농부가 뒹굴며 낮잠을 자고 있는, 괴상하면서도 자연스러운 광경을 그리고 있다. 이 그림은 당시 농부의 정신은 축제를 빼고는 최대의 관심이 오로지 먹는 것이었음을 말하고 있다. 한편 유럽이 그리스·로마에서 전승받은 문화(정신)는 수도원의 어두운 회랑 안에서 순수 배양되면서 보존되어 있었다.

그런데 중세가 암흑 시대였다는 이전의 상식은 유럽인이 들어가기 전의 아프리카가 암흑의 대륙이었다는 오만한 '상식'과 함께 뒤집히고 있다. 한마디로 역사학은 중세에 살았던 사람들의 빛과 그림자를 발굴하는 중이다(근대 유럽의 사상은 평등주의, 인간주의와는 반대로 근대 유럽적인 가치만을 높이 평가한다. 유럽 중심주의, 진화 일원론의 경향을 갖고 있었다.). 그러

▲ 뷰리겔의 연작, "7가지 대죄" 중 '대식大食'(1558)

므로 우리도 근대라는 빛이 세계를 어떻게 조망했는지를 물어 보자. 근대는 과학 기술의 힘을 빌어 여러 가지 정령이 살고 있던 중세의 암흑에서 우리를 탈출시켰다. 그것은 신화의 어둠에서 그리스 철학이 빠져 나온 것과 같은 사건이었다.

확실히 근대란 하나의 빛이다. 그런데 우리는 이 빛을 통해 무엇을 보게 되었고 또 무엇을 보지 못하게 되었을까? 이 물음에 대한 대답 또한 데카르트 철학 안에 숨어 있다.

15세기 이탈리아에서는 오랜 중세 동안 잠자고 있던 문화가 갑자기 꽃피었다. 그 중심적인 사상은 그때까지 종교 안에서 억눌렸던 인간에 대한 '폭발'적인 긍정이며, 인간주의였다. 근대라는 빛의 시대를 개막한 것은, 문예 부흥이라 번역되는 르네상스Renaissance였다. 르네상스를 특징짓는 것은 인간에 대한 강렬한 관심이다. 그 예로 『데카메론』을 읽어 보면 좋을 것이다. 인간이 신으로부터 자기 자신으로 관심을 돌린 모습을 뚜렷이 볼 수 있다. 바꿔 말하면 인간의 시대로서의 근대는 르네상스에서 시작한다. 르네상스의 인간주의는 오늘날의 휴머니즘과는 다른, 인간의 모든 요소에 흥미를 가진 레오나르도 다빈치로 대표되는 강력한 문화였다.

거기에서는 여러 가지 인문 사상과 함께 근대의 과학 사상이 태어난다. 대표적인 인물인 갈릴레이 갈릴레오를 들어 아리스토텔레스의 사상과 어떤 차이가 있는지 생각해 보자.

갈릴레오, 갈릴레이Galileo, Galilei(1564~1642)는 아리스토텔레스적인 자연관을 비판하며, 수학을 응용하는 근대의 실증 과학으로의 길을 열었다. 예를 들면, 갈릴레오는 등속 직선 운동을 '동등한 시간 내에 동등한 거리를 통과하는 운동'이라고 정의하고 있다. 여기에는 물체의 운동을,

▲ 갈릴레이 갈릴레오

측정할 수 있는 시간과 거리라는 단순한 2가지의 양으로 생각할 수 있다는 발상의 전환이 있었다.

갈릴레오는 목성의 위성과 토성의 띠를 처음으로 발견한 사람으로도 유명하지만, 그가 과학사에 세운 가장 큰 공헌은 낙하 법칙[5]의 발견이

---

1. 낙하 법칙
물체가 지상에 낙하하기까지의 운동을 지배하는 법칙. 갈릴레오는 이 법칙을 '자연 운동에 의해 통과된 거리는 시간의 제곱에 비례한다. 따라서 동등한 시간에 통과된 거리는 1에서 시작되는 홀수다. 이 명제의 원리는, 자연에서 운동하고 있는 물체는

다. 유명한 피사의 사탑에서의 실험은 낙하 법칙을 증명하기 위한 것이었다. 피사의 사탑은 이탈리아에 있는 기울어진 것으로 유명한 탑이다. 피사 대학의 강사였던 갈릴레오는 무거운 쇠구슬과 그것보다 가벼운 쇠구슬의 낙하 속도가 같음을 증명하려고 피사의 사탑에서 이 2개의 쇠구슬을 떨어뜨렸다. 우리에게는 콜럼버스의 달걀처럼 보이는 피사의 사탑에서의 실험은, 물체의 운동을 시간과 거리라는 단순한 패러미터(측정기, 다른 말로 측정 수단)로도 파악할 수 있다는 사상을 포함하고 있다.

갈릴레오가 로마 교회로부터 탄압받게 된 원인이었던 코페르니쿠스의 지동설도, 과학적으로 입증되었기 때문에 갈릴레오에게 받아들여졌던 것은 아니었다. 코페르니쿠스의 천체의 운동에 관한 설명이(그 책 자체는 여섯 권으로 된 두꺼운 것인데) 단순하고 아름다운 것이었기 때문이었다. 천동설은 실제 행성의 움직임을 설명하기 위해 무수하고 복잡한 원을 생각해야만 했다.

지금의 폴란드에서 태어난 천문학자 코페르니쿠스, 니콜라우스Copernicus, Nicolaus(1473~1543)는 당시의 공인된 우주관인 프톨레마이오스의 천동설을 비판하는 지동설을 최초로 주장했다(고대에도 일종의 지동설이라 할 수 있는 것이 존재했다). 코페르니쿠스의 지동설은 우리에게 시점의 전환을(지구에서 태양계로) 요구하며, 케플러, 뉴턴을 지나 오늘날의 천문학에 연결되고 있다. 그런데 코페르니쿠스는 탄압이 두려워 지동설을 좀처럼 공개하지 않았다. 대표 저서인 『천체의 회전에 관하여』가 인쇄된

운동이 시작된 지점의 거리에 비례하여 그 속도를 증대시킨다는 것이다'라는 기묘한 말로 서술했다. 우리는 이 법칙을 현재, $S=\frac{1}{2}gt^2$이라는 형태로 알고 있다. 갈릴레오는 낙하 법칙을 경사면을 구르는 물체로 증명한 후, 이 실험을 사람들에게 권했지만 잘 되지는 않았다.

▲ 코페르니쿠스

때는 그가 죽기 직전이었다.

그러나 우리의 일상 감각으로는 천동설이 옳은 것 같다. 예를 들어, 만약 지구가 움직이고 있다면, 어째서 우리는 이 움직이고 있는 물체에서 튀어나가지 않을까? 왜 지구는 아무런 받침도 없이 우주에 떠 있을 수 있을까? 이런 의문은(당시에는 관성의 법칙도, 중력의 법칙도 발견되지 않았다) 코페르니쿠스의 뇌리에 떠오르지 않았던 것이다.

우리는 근대라는 시대가 그 이전에 비해 복잡한 시대라고 생각하기 쉽지만, 그것은 잘못된 생각이다. 오히려 근대는 세계의 원리를 보다 단순한 것으로 추구했던 시대이다. 질서 있는 세계—이것은 우리가 그리스 철학의 출발섬에서 본 사상이다—그 질서가 숫자를 통해 표현된다. 이것은 피타고라스-플라톤의 사상임에 틀림없다. 세계를 실증적으로 설명하려고 한 아리스토텔레스주의에 대해, 세계의 질서를 숫자로 보려고 한 근대의 과학 사상과 물질 안에서 순수한 영혼을 발견하려고 한 연금술은 모두 플라톤주의의 후예에 해당한다.

갈릴레오의 낙하 법칙은 나중에 뉴턴의 만유 인력의 법칙에 의해 천체의 운동 법칙과 결합되어 이 세계의 근본 원리를 수학적 법칙으로 규명하는 것이 되었다. 피사의 사탑에서 떨어진 쇠구슬鐵球이 그 운동이 시간과 거리로 표현된 단순한 양, 즉 무게로 여겨지게 된 것이다.

여기서 잠시 아이작 뉴턴Newton, Isaac(1642~1727)을 소개해야겠다. 뉴턴은 만유 인력의 법칙을 발견했으며 근대 과학과 철학 사상에 큰 영향을 끼친 물리학자이다. 뉴턴은 그때까지 별개의 것이라고 생각했던 낙하의 법칙과 천체의 운동 법칙을 하나로 통일하여, 단순한 모습으로 나타냈다. 세계의 질서가 유일하고 단순한 법칙으로 나타난 것에 대한 놀라움이, 근대의 단순함에 대한 확신을 만들었다. 데카르트와 뉴턴이 역학의 시대를 연 것이다.

이것이 근대 과학이 이룬 세계의 단순화이다. 이에 대해 아리스토텔레스적인 세계관에 따르면, 이 쇠구슬의 운동은 보다 나은 질서를 지향하기 위한 것이다. 예를 들면, 불은 위에 철은 밑에 존재하는 것이 세계의 질서였다. 꽃은 아름답게 피기 위해 있는 것이고, 사람은 선하게 살기

▲ 아이작 뉴턴

위해 산다. 마찬가지로 철은 보다 안정되기 위해 땅으로 떨어지는 것이다. 아리스토텔레스에 기원을 두는 스콜라 철학의 운동관에 따르면, 철이 땅에 떨어지는 것은 자연스런 운동이며, 반면에 사람이 활을 쏘는 것은 강제적인 운동이라는 식으로, 운동에는 2종류가 존재한다고 했다. 아직 세계는 복잡했던 것이다.

아리스토텔레스에 따르면, 낙하하는 쇠구슬의 운동에 대한 설명은 한 가지만이 아니다. 이 쇠구슬의 운동은 4가지 원인을 갖고 있다(140쪽 참조). 그것은 운동인, 목적인, 질료인, 형상인의 4가지이다. 여기서 운동인은 쇠구슬을 떨어뜨리려 했던 사람인 갈릴레오이며 또 쇠구슬을 떨어뜨리려 했던 사람의 의지이기도 하다. 즉 쇠구슬의 운동이 갖고 있는 의미는 한 가지만이 아니다.

▲ 아리스토텔레스 초상

보다 일반적으로 말하면, 중세적인 세계는 여러 가지 의미로 흘러넘쳤다. 쇠구슬의 운동에서도, 거기에는 신의 의지와 기적이 끼여들 여지가 있었다. 결코 자연의 운동만이 이 쇠구슬을 제어하고 있지는 않았던 것이다. 사람들은 이 의미의 중첩 속에서 세계를, 또 세계 안의 쇠구슬을 생각하고 있었다. 개의 눈을 의안 대신 넣으면 전신주에 소변을 보고 싶어진다는 말이 있다. 그때 개의 눈은 죽은 물체가 아니라 개의 전체와 연결되어 있는 것이다. 그리고 아리스토텔레스의 세계관은 이러한 의미로 충만해 있는 세계를 정리하고 설정하기 위한 원리였다.

그리고 근대 과학이 성립되기 위해 불가결한 또 하나의 조건인 실험

천동설과 지동설

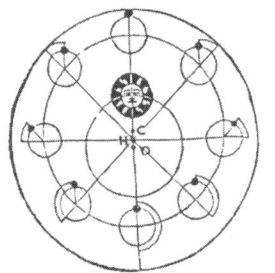

❶ 프톨레마이오스의 체계(천동설)

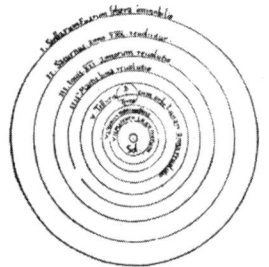

❷ 코페르니쿠스의 체계(지동설)

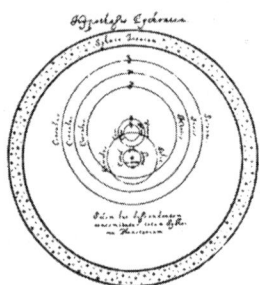

❸ 티코 브라헤의 체계

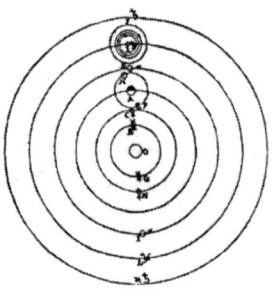

❹ 코페르니쿠스 체계를 묘사한 갈릴레오의 그림

❶은 2세기의 천문학자 프톨레마이오스가 만든 토성 궤도의 모델이다. 점 D가 지구, 검은 점인 토성은 점 C를 중심으로 하는 궤도 상에 중심을 갖는 작은 원의 원주 위를 회전한다. 다른 행성도 같은 식으로 이 작은 원의 궤도를 돌고 있으므로 이 천체도는 복잡한 것이었다. 이 체계는 이후 1,500년에 걸쳐 전 유럽에 군림한다.

❷ 코페르니쿠스의 체계에서는 그가 달이 지구의 위성이라는 것을 알고 있었다는 것을 이해할 수 있다.

❸의 티코 브라헤는 코페르니쿠스의 사후 3년째 되던 해에 덴마크에서 태어나 16세기 후반에 활약한 천문학자이다. 그의 체계는 ❶과 ❷의 절충으로, 지구는 어디까지나 세계의 중심으로서 달과 태양 및 항성은 그 주위를 회전하지만, 다른 5개의 행성은 태양을 중심으로 회전한다는 것이었다.

❹는 코페르니쿠스의 설을 공공연하게 지지했던 갈릴레오의 그림으로, 그가 발견한 목성의 위성 4개가 그려져 있다.

이라는 사상이 갈릴레오에 의해 성립되었다. 진리가 인식되는 방법도 철학의 중대 문제 중의 하나이다. 나중에 영국 경험론(제6부)과 칸트(제7부)가 이 문제를 인식론으로 다루므로, 여기서 우리는 수학과 실험이라는 방법에 관해 생각해 보자.

아리스토텔레스는 진리에 이르는 길을 말의 분석에서 구했다. 그것은

▲ 프란시스 베이컨

소크라테스-플라톤의 변증법을 빼면, 유추와 경험적 직감에 의지하던 그때까지의 철학에 비하면, 진리에의 길을 보다 많은 사람에게 열었다 할 수 있다. 그런데 이 세계처럼 말도 복잡하고 모호한 존재다. 그런데, 근대 과학의 무기인 수학은 훈련만 하면 누구라도 배울 수 있는 이점이 있다. 그것은 수학이라는 말이 모호함이 없는 단순한 규칙의 집합이기 때문이다.

또 다른 근대 과학의 무기는 실험이라는 방법이다. 프란시스 베이컨(영국 경험론의 선조라고 할 수 있는 인물)이 최초로 주장한 실험이라는 방법은, 같은 조건에서 같은 실험을 반복하는 방법이다. 즉, 근대 과학의 객관성은 여러 인간이 같은 조건에서 실험을 반복해 같은 결론을 얻을 수 있다는, 모든 사람(사실은 실험 기구를 가진 과학자들만)에게 열려진 것이다.

다시 정리하자면 실험이란 쉽게 말해, 같은 조건에서 같은 결과를 끌어내기 위한 절차이다. 그런데 그것을 하려면 복잡한 자연을 단순화해야 한다. 우리는 보통 철 같이 무거운 것은 빨리 떨어지고, 종이 같이 가벼운 것은 펄럭이며 떨어지는 것을 잘 알고 있다.

낙하 운동을 단지 거리와 시간만으로 설명하기 위해, 즉 바람과 공기의 저항, 그밖에 여러 가지 불필요한 요소를 없애기 위해 우리는 2개의 쇠구슬을 갖고 피사의 사탑에 올라가야만 했다.

우리는 여기서 근대 과학이 자연을 단순화한 것으로, 적어도 우리가 살고 있는 세계로부터는 떨어져서 성립한 것임에 주의하자. 바꿔 말하면, 과학은 과학이 고찰할 수 있는 자연만을 대상으로 하고 있다고 할 수 있다. 형이상학이 하나의 토톨러지(동어 반복)라고 한다면, 과학도 또한 하나의 토톨러지인 것이다. 단지, 형이상학이 인간의 관념 속에서 무

한히 팽창해 가려고 하는 토톨러지인 데 비해, 근대 과학은 실험과 수학이라는 방법을 가진 토톨러지이다.

그러나 갈릴레오의 실험은 아직 불충분했다. 낙하 법칙에 포함되었던 세계관이 확립되고 자연이 근대 철학의 대상이 되기 위해서는 데카르트가 필요했다.

2. 자연을 단순화한 '연장'

중세적인 여러 가지 의미로 덮여 있던 쇠구슬을 단순한 물체로 생각한다는 것은 이 쇠구슬을 '연장延長'으로 받아들인 데카르트의 '명석함'이 있어 가능했다. 그러면 연장이란 어떤 것일까?

물론 실체는 임의의 속성에 의해 인식되기도 하지만, 실체에는 각각의 본성과 본질을 이루는 하나의 주요 속성이 있어 다른 모든 속성은 그것에 의존하고 있다. 그리고 물체에 속하는 모든 일체의 것은 연장을 예상하고 있고, 연장인 사물의 어떤 양태에 다름 아니다. 마찬가지로 정신 가운데 발견되는 모든 것은 사유의 양태 안에서만 이해된다. 예를 들면 형태는 연장이 있는 사물에서만, 또 운동이라는 것도 연장의 어느 공간 안에서만 생각될 수 있다. 마찬가지로 상상, 감각, 의지도 사유하는 사물에서만 생각될 수 있다. 즉 연장은 형태나 운동이 없고서는 생각할 수 없으며 사유는 상상이나 감각이 없고서는 생각할 수 없다는 것이다(데카르트, 『철학의 원리』).

정신의 주요 속성은 사유, 즉 생각하는 것이고, 물체의 주요 속성은 연장, 즉 공간을 갖는 것이다. 데카르트의 명석한 눈에는 문제가 단순한 것으로 비쳤다. 예를 들면, 아리스토텔레스는 속성을 10가지 카테고리로 분류하고 있다(146쪽 참조). 거기에서 이 컵은 여러 가지 의미로 설명되었다. 그리고 스콜라 철학은 이 컵을 보다 정확히 정의하려고 하다가 말의 홍수 속으로 빠져 버렸다.

그런데 데카르트에 따르면, 이 컵은 연장 이외에는 의미를 갖지 않는다. 형태와 운동, 그밖에 이 컵이 가지는 여러 가지 의미는 모두 연장이

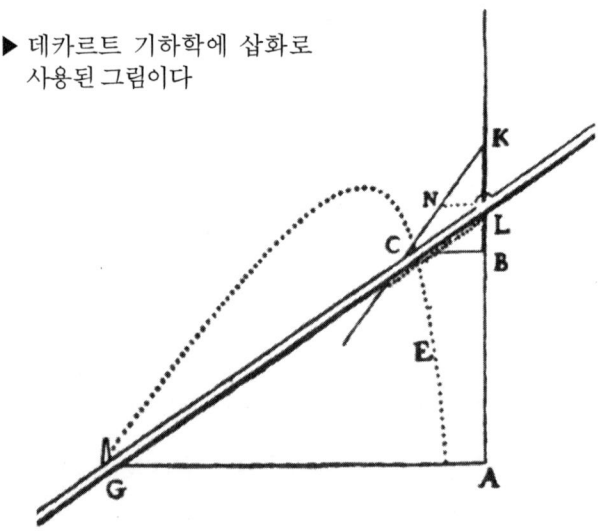

▶ 데카르트 기하학에 삽화로
   사용된 그림이다

라는 것에서 생긴다. 연장이라는 말은 세계를 어떻게 변화시켰을까? 연장이라는 말에는 다음과 같은 의미가 포함되어 있다.

① 물체의 속성이 연장으로 생각되려면 공간 개념이 확실해야 한다. 예를 들어 중세적인 세계에 따르면 속인이 살고 있는 장소와 신이 사는 성역은 별개의 장소였다. 장소가 다르면 그곳에 존재하는 것의 의미도 당연히 달라진다. 모든 물체의 기본적인 속성을 연장으로 생각하기 위해서는 마찬가지로 모든 장소가 동일해야만 한다. 데카르트에 이르러 우리는 처음으로 '균질적인 공간'이라는 개념을 갖게 되었다. 오늘날의 해석 기하학이 데카르트에서 시작된 것은 우연이 아니다. 데카르트는 현대적인 기하학의 창시자다. 그때까지의 기하학은 유클리트부터 시작된 정의와 논증에 따른 것이었지만 데카르트는 좌표축을 생각해 내어 도형을 계산과 연결했다. 즉, 형태 있는 것도 순수한 2개의 양(X좌표와 Y좌표)으로 나타낼 수 있게 되었다.

② 어떤 물체가 어느 공간에 위치를 점한다는 것은, 그 공간에 다른 물체가 들어올 수 없다는 것을 의미한다. 즉, 여기 컵이 있다면 이 컵에 정령이나 여우가 머물거나 옮겨 올 수 없다. 물체가 연장을 갖는다는 것은 그 공간에 다른 것이 들어갈 수 없음을 의미하고 있다(이 사상을 최초로 주장한 사람은 데모크리토스였다).

③ 물체의 속성이 연장으로 생각됨으로써, 반대로 연장을 갖지 않는 모든 물체—천사나 정령—는 우리의 시야에서 추방되었다. 왜냐하면 데카르트가 인식하는 것은, 신 이외에는 연장을 가진 실체와 사유하는 실

체뿐이었기 때문이다.

　이전에 스콜라 철학은 오랫동안 천사의 수나 성性에 관한 논쟁을 되풀이했다. 천사의 수에 관한 논쟁을 예로 들면, 아리스토텔레스의 영향을 받은 스콜라 철학자들은 존재하는 것을 형상과 질료의 결합체로 생각했는데 천사가 질료를 가질 리는 없다. 그런데, 종류를 정하는 것은 형상이고, 같은 종류의 여러 가지 개체의 차이를 만드는 것을 질료라고 생각했기 때문에, 천사는 한 종류에 한 사람밖에 존재할 수 없게 되어 버렸다. 그러므로 같은 천사가 몇 사람씩 나오는 중세의 그림은 철학적으로는 잘못된 것이다. 그런데 천사의 육체는 역학의 법칙에 따르지 않으므로(그 작은 날개로는 곧 추락해 버릴 것이다) 연장으로는 생각할 수 없는 것이었다. 이렇게 해서 우리의 정신과 물체 사이에 있는 여러 가지 모호한 존재는 세계로부터 추방되었다. 즉, 정신과 자연이 분리된 것이다.
　이와 같이 데카르트의 연장이라는 사상에 의해 근대 세계는 정신과 자연이라는 서로 대립하는 단순한 원리를 갖게 되었다. 다시 말하면 자연은 물체가 되었으며 정신은 이 물체로부터 자유롭고 순수한 정신이 되었다. 이 정신의 자유가 근대를 현실적인 것으로 만들어 간다.
　여기에서 또 한 번 물체가 된 자연이란 어떤 것인지 알아 보자. 연장이란 물체가 길이, 넓이, 깊이라는 형태로 공간 안에서 존재하는 것이다. 물체의 다른 모든 존재 방식(운동과 그밖의 여러 가지)은 여기서부터 생각할 수 있다. 우리의 상식으로도 여기에 컵이 있다는 사고 방식은 깊게 스며 있다. 그런데 중세적인 세계관에 따르면 이 컵조차도 어떻게 사용될까라는 목적과 제작자의 의도 또는 형상을 빼고서는 생각할 수 없는 것이었다.

그런데, 우리의 눈앞에 있는 컵은 높이 15cm, 지름 6cm, 무게 220g인 원주형의 보통 물체일 뿐이다. 이것이 연장이라는 것이다. 그리고 컵은 어떤 공간을 배타적으로 차지하고 있다. 이와 같은 단순한 물체이므로 이 컵의 운동은 역학적으로 생각할 수 있는 것이다. 다시 말하면, 뉴턴을 시초로 하는 근대 물리학은 물체를 단순한 물체로 생각함으로써 성립했다.

이렇게 해서, 자연은 물체의 집합인 동시에 데카르트의 좌표 공간에 나타나는 균질적인 공간으로 파악되었다. 시계의 리듬으로 상징되는 균질적인 시간도 동시에 태어났다고 해도 좋다. 왜냐하면 갈릴레오가 낙하하는 쇠구슬의 운동을 시간과 거리로 생각했듯이, 근대 과학은 자연을 잘 측정할 수 있는 양으로 생각하기 때문이다.

또한 연장이라는 사상은 중세의 애니미즘을 추방했다. 애니미즘animism은 원래 아니마anima는 영혼을 뜻하는 라틴어이다. 즉, 애니미즘이란 직접적으로는 만물에 영혼이 깃들어 있다는 사상이다. 동물animal이라는 것도 영혼을 가진 것을 의미했다. 그런데 근대의 문화 인류학은 비유럽 '미개인'의 여러 가지 종교와 풍속을 설명하기 위해 이 말을 사용했다.

그리하여 애니미즘은 세계에 정령이 떠다니고 있다는 생각에서 주술 신앙에 이르기까지의 광범위한 현상을 가리키게 되었다. 제6부 대륙 합리론과 영국 경험론에서 기술할 스피노자의 범신론도 일종의 애니미즘이라고 생각할 수 있다. 이 애니미즘은 현대에서도 화폐의 신비적인 힘을 인정하는 형태로 존재하고 있다.

아리스토텔레스 철학은 여우에 홀린다는 비합리적인 것은 생각하지 않았지만, 같은 장소에 형상과 질료라는 2개의 원리를 생각했기 때문

▲ 데카르트

에, 반드시 애니미즘을 부정한 것은 아니었다. 대중이 갖고 있는 여러 가지 믿음과 편견도 합리적인 모습을 가진 시대를 대표하는 사상 안에 그 정점을 갖고 있었다. 중세의 일상적인 의식에서는 나의 신체가 차지하고 있는 공간에 여우의 영혼이 들어올 수도 있었다. 이것을 가리켜 '여우에 홀림'이라고 한다. 물론 그것은 극단적인 예이다. 그런데 중세적인 세계관에 따르면 이 세계와 나는 확실히 구별되어 있지 않으며, 그 사이에는 미신으로부터 사람들의 생활에 뿌리내린 신념까지 여러 가지 의미를 가진 '균질하지 않은 공간'이 차지하고 있었다. 그런데 데카르트의 연장이라는 사상을 통해 우리가 볼 수 있는 자연은 근대의 빛이 비추어진 단순한 '의미가 제거된' 자연이었다.

자연은, 사람들이 거기에 담거나 생각하고 있던 여러 가지 의미를 제거했을 때 비로소 역학적인 인과 법칙에 지배되는 것으로 우리 앞에 모습을 드러낸다. 데카르트에서 시작된 근대적 세계관의 최초 사고 방식은 역학적 기계론적 세계관이라 부른다. 이렇게 자연을 일종의 기계라고 생각하는 사상은 역학의 압도적인 승리에 의해 생겨났다. 역학도 기계도 영어로 번역하면 모두 mechanics임을 상기하자. 피타고라스에게 영감을 준 것이 천체 운동이었듯이, 근대 과학에 꺾이지 않는 용기를 준 것도 천체 운동을 지배하는 역학이라는 '진리'였다. 근대의 힘은 강력한 단순함에서 생긴다.

3. 명석하고 판명한 정신이란 무엇인가?

나는 생각한다. 그러므로 나는 존재한다

우리가 아무렇지 않게 생각하고 있는 물체의 관찰 방법, 즉 근대적인 사유의 문맥 속에서 '연장'이라는 단어 하나가 가진 위력은 앞에서 보았듯이 상상할 수 없을 정도로 큰 것이었다. 그런데 우리는 다음과 같이도 물어야 할 것이다. 데카르트의 이 단순함은 어디에서 유래하고 있을까? 또, 자연에서 제거된 '의미'는 어디로 옮겨갔을까?

우리가 이제까지 보아 온 '연장'이라는 사상의 단순함과는 반대로 데카르트는 철저한 회의의 철학자로 알려져 있다. 사실 데카르트의 방법은 회의를 전제로 하고 있다. 데카르트의 출발점은 다음과 같다.

나는 조금이라도 의문할 여지가 있는 것은 전부 절대적으로 거짓인 것으로 버려야만 한다고 생각했다. 그것은, 그런 후에 나의 신념 안에 조금도 의심의 여지가 없는 무엇인가가 남는지를 지켜보기 위해서였다(『방법서설』).

감각은 때로 우리를 속이며, 추리나 논증도 종종 실수를 한다. 따라서 데카르트는 그의 정신 안으로 들어온 것이 모두 거짓이라고 가정해 보았다(데카르트는 악마가 우리를 그렇게 생각하게 한다고까지 생각했다). 그러나, "그 후 곧 나는 다음과 같은 것을 알아차렸다. 그것은 이와 같이 모든 것을 거짓으로 생각하려고 했던 때에도 그렇게 생각하고 있는 〈나〉는 어쨌든 있지 않으면(존재하지 않으면) 안 되었다는 것이다"(『방법서설』).

이렇게 해서 데카르트 철학의 제 1원리 '나는 생각한다. 그러므로 나는 존재한다'가 도출되었다. 다시 말하면, 데카르트는 모든 것은 의심할 수 있다고 말한 뒤, 비록 우리가 잘못된 사고를 하고 있더라도 그렇게 생각하고 있는 내가 존재하고 있다는 사실은 의심할 수 없다고 생각했던 것이다. 우리가 어떠한 허황된 내용을 생각하고 있더라도, 그때 우리가 생각을 하고 있다는 사실 자체는 부정할 수 없다. 이 콜럼버스의 달걀 같은 발견을 데카르트는 그의 출발점으로 잡았다. 즉 데카르트는 '명석하고 판명하게' 직감되는 사실을 출발점으로 삼았던 것이다.

아리스토텔레스의 철학이 언어의 분석을 방법으로 하고 있음은 제3부에서 기술했다. 데카르트가 초조해 했던 것도 아리스토텔레스의 계보를 잇는 스콜라 철학자들 때문이었다. 데카르트는 스콜라 철학자들의 광대한 논의가 확실한 것에 전혀 기초하지 않은 모호한 논의라고 생각했다.

데카르트는 "모든 것에 관해 자못 지당한 것처럼 이야기하며, 자신보

▲ 스웨덴 여왕 크리스티나의 초청을 받은 데카르트_뒤메스니르 작품

▲ 데카르트의 『방법서설』의 표지

다 상식이 모자라는 자에게 자신을 칭찬하게 하는 방법을 전수한다."고 오늘날의 학자에게도 통용될 듯한 빈정거리는 말투로 스콜라 철학을 비판한다. 그리고 그는 절대적으로 확실한 출발점에서 출발할 것을 제창했다.

이 절대적으로 확실한 출발점은 스콜라 철학자들이 하고 있었듯이 논증을 통해 얻어지는 것이 아니라, 직감(생각하고 있는 내가 존재하고 있다는 사실은 논증 이전의 것이라고 데카르트는 생각했다)을 통해 얻어진다. 이와 같은 직감에 관한 것을 그는 명석하고 판명한 인식이라 불렀다. 이 명석하고 판명된 인식은 의심할 바 없이 확실하다는 의미로, 데카르트에 따르면 명석은 주의깊은 정신에 대해 모호함을 전혀 갖지 않고 나타나는 인식이며, 판명은 명석한 것이 아무런 혼란 없이 다른 것으로부터 구별되는 인식을 말한다.

데카르트가 생각한 사고 체계는 명석하고 판명하게 인식할 수 있는 출발점으로부터 연역적 방법을 통해 정연하게 구성되는 체계였다. 이 연역적 방법은 확실한 출발점에서 엄밀한 논증을 통해 여러 가지 결론을 얻어 가는 추리 방식이다. 반대는 귀납법이다. 그것은 유클리트 기하학을 정확히 본뜨려 한 것이다. 유클리트 기하학에서 명석하고 판명하게 인식할 수 있는 출발점에 해당되는 것은 정의와 공리다.

예를 들면, 점은 공간을 갖지 않는다고 정의된다. 이 정의가 먼저 있는지 아니면 우리의 점에 대한 이미지가 먼저 있는지는 생각지 않더라도 점이 공간을 갖지 않는다는 것은 확실하게 직감할 수 있다.

그런데 내가 실제로 그리려고 할 때 공간이 있는 점밖에 그릴 수 없다는 것을 생각하면 정의된 점이란 순수한 사상의 산물임을 알 수 있다.

그리고 기하학은 이 정의와 공리에서 출발하여 엄밀한 논증의 구성에 따라 우리를 괴롭힌 원주각의 문제에까지 확대된다. 즉, 데카르트가 생각한 새로운 철학이란, 언어에 의해 짊어지게 된 복잡한 의미를 (따라서 거기에서 필요로 하는 개념의 복잡한 구성을) 단지 지식을 위한 지식

▲ 유클리트

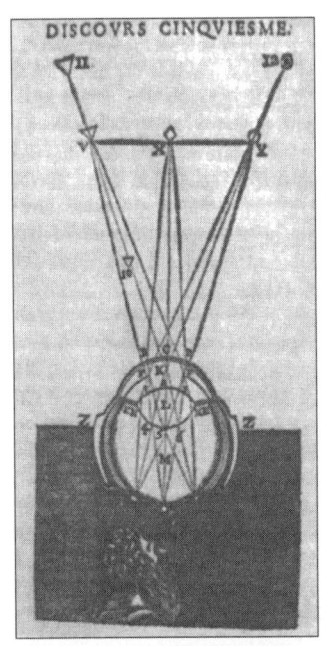

▲『굴절광학』이라는 책 속에 있는 시각 구성도

으로 버리고, 대신 기하학을 모범으로 한 엄밀하면서도 단순한 철학이었다.

그리고 기하학이 '매우 단순하고 쉬운 논리의 긴 고리'를 더듬어 가는 착실한 노력만 계속한다면 누구라도 '올바른' 해답에 도달할 수 있는 것처럼, 이 새로운 철학은 만인이 도달할 수 있는 것이었다. 쉽고 명석한 철학에 의해 세계는 쉽고 명석해진다. 그러나 착각해서는 안 된다. 새로운 철학과 그것을 지탱한 확신이 우리에게 보이는 세계 자체를 변모시켰던 것이지 그 반대는 아니다.

정신으로서의 인간

데카르트는 다음 4가지 규칙에 따라 탐구를 계속하려 한다.

1 내가 명증적明證的으로 진리라고 인식하는 것이 아니라면, 어떤 경우에라도 사실로서 받아들이지 말 것. 다시 말하자면, 주의깊게 속단과 편견을 피할 것. 그리고 조금도 의심을 품을 여지가 없을 정도로 명석하고 판명하게 나의 정신에 나타나는 것 이외에는 결코 자신의 판단에 받아들이지 말 것.

2 내가 검토하려 하는 여러 가지 어려운 문제 하나하나를 가능한 한,

또 그것들을 보다 잘 해결하기 위해 필요한 만큼, 많은 작은 부분으로 분할할 것.

3 가장 단순하고 가장 인식하기 쉬운 것에서 시작하여 조금씩, 소위 단계를 밟아 가장 복잡한 것을 인식하도록 할 것이며, 또 자연적으로는 서로 앞뒤가 없는 사물 가운데 질서를 가정하면서, 나의 사고를 질서 있게 인도해 갈 것.

4 전반적으로 무엇 하나 빠뜨리지 않았다고 확신할 정도로 광범위한 재검토를 할 것.

이것이 데카르트가 아리스토텔레스로부터 시작된 복잡한 논리학 규칙 대신 채택한 4가지 규칙이다. 우리는 여기서도 근대 과학의 특징적인 사고의 형태를 볼 수 있다. 확실한 출발점에서 출발하되, 문제를 부분으로 분할하여 단순한 것에서 복잡한 것으로 앞서 분할한 문제를 구성해 간다. 이것에 우리가 갈릴레오에서 본 실험이라는 방법을 더하면 근대 과학이 출발한 방법적 원리를 얻을 수 있다.

이렇게 하여 우리는 눈앞에 있는 모호하고 복잡한 세계 대신 우리의 정신 안에 명석하고 분명한 세계를 갖게 되었다. 근대의 힘—우리가 그 안에서 살고 있는 방대한 생산력—은 세계를 일단은 명석 판명하게 취함으로써 비로소 가능해졌다. 물론 우리의 정신 안에 재현된 세계는 우리가 살고 있는 세계 자체는 아니다. 그런데 데카르트 이래의 근대 사상은 우리의 정신 안에 재현된 세계를 '진실한' 세계라고 생각해 왔다.

그런데 왜 '나는 생각한다. 그러므로 나는 존재한다'(데카르트의 제1원리)이고, '나는 느낀다. 그러므로 나는 존재한다'는 아닐까? 우리가 존재한다는 사실을 입증하기 위해서는, 생각하고 있는 나를 알아차리는 것

보다 느끼고 있는 나를 알아차려도 되지 않을까. 사실은 이 2가지 말 가운데 전자를 철학의 제1원리로 했던 것에 데카르트 철학의 비밀이 있다. 이것은 철학의 중심 문제인 존재와 의식, 그리고 진리란 무엇인가라는 물음에 관련되어 있다.

다음에 나는 내가 무엇인지를 주의깊게 생각하여 다음과 같이 인정했다. 나는 나의 신체와 세계가 존재하지 않으며, 내가 있는 장소도 없다고 가정할 수 있는데 그렇다고 해서 내가 존재하지 않는다고 가정할 수는 없다. 오히려 내가 다른 것의 진리성을 의심하려고 생각하는 것 자체에서 극히 명증적으로, 극히 확실하게 내가 있다는 것으로 귀결된다는 것이다.

반대로 만약 내가 생각을 멈춘다면 비록 그때까지 내가 상상한 모든 것이 진리였다 하더라도, 그동안 내가 존재하고 있었다고 믿어야만 하는 아무런 이유가 없다는 것이다. 즉, 나는 하나의 실재로, 그 본질 또는 본성은 단지 생각한다는 것 이외의 어떤 것도 아니다. 또 존재하기 위하여 약간의 장소도 필요하지 않고, 어떠한 물질적인 것에도 의존하지 않는 것이다.

따라서, '나'라는 것, 즉 나를 있게 하는, 나이게 하는 '정신'은 물체로부터 떨어져 있는 것이다. 또한 정신은 물체보다도 인식하기 쉬운 것이며, 비록 물체가 존재하지 않는다 해도, 정신은 어떤 것에 속할 것이라는 것이다(『방법 서설』).

데카르트에게는 느끼고 있는 나를 알아차린다는 것도 자신이 느끼고 있다는 것을 명석하고 판명하게 '생각하고' 직감하는 것이었다. 즉, 생각하고 있는 자신, 느끼고 있는 자신을 '생각하는' 것이 데카르트가 말

▲ 로댕의 "생각하는 사람"

하는 Cogito(나는 생각한다)인 것이다. 느끼고 있다는 것 자체는 항상 오류의 가능성이 있다. 정신이 자기 자신을 인식하는 확실함, 그것이 내가 존재하고 있는 근거로서 데카르트가 발견해 낸 유일한 진리였다.

여기서 데카르트는 나의 존재는 생각하는 것 이외에는 아무것도 아니다라고 결론짓는다. 이와 같은 반복(생각한다는 것에서 나의 존재가 도출된다. → 나의 존재는 생각하는 것 이외에는 아무것도 아니다. 왜냐하면 내가 자신 안에서 발견할 수 있는 확실한 것은 생각한다는 것 뿐이기 때문이다.)이 철학이라는 사고 방식의 비밀이다.

어쨌든 데카르트는 이렇게 해서 연장이라는 속성에 의해 특징지워진 실체(물체)와 함께 또 하나의 실체, 사유에 의해 특징지워진 정신을 발견해 냈다. 이때부터 세계는 정신과 물체(또는 자연)라는 '분리된' 2가지 원리를 갖게 되었다. 그것은 또 정신으로서 특징지워진 근대적 인간의 탄생을 의미하고 있었다. 이 부의 앞부분에서 우리는 르네상스가 인간이 자기 자신을 주제로 한 시대였다고 했는데, 데카르트에 의해 인간이 자기 자신의 원리가 '생각한다는 것'임을 자각한 것이다.

Cogito는 '나는 생각한다'를 의미하는 라틴어에서 유래한다. 데카르트 철학의 슬로건적인 '용어'로, 데카르트 이후 철학의 출발점이 되었다. 근대 철학에서는 우리의 존재를 정신으로서 그리고 Cogito(자아)로서 파악한다. 나도 당신도 Cogito인 것이다. 여기서 나 → 생각한다 → 자아, 이것이 근대 철학을 꿰뚫는 원리이다. 그리고 정신으로 순화된 인간은 물체로 순화된 자연과 마주하게 되었다. 흔히 말하는 근대 철학의 지평—주체와 객체의 도식—이 여기에서 탄생한다. 즉, 컵을 보며 생각하고 있는 나는 주체이고 컵은 객체인 것이다.

자연의 빛

앞으로 나아가기 전에 또 하나의 의문을 해결하자. 이제까지의 철학사에서는 실체가 진실로 존재하는 것에 부여된 명칭이었다. 데카르트는 '나'를 '하나의 실체'라고 부른다. 그런데 어떻게 우리는 생각하고 있는 자신으로부터 자신이 진실로 존재하고 있다고 결론내릴 수 있을까? 왜 생각하고 있는 나는 변화하고 움직이는 존재가 아닐까?

여기에 데카르트 철학의 또 한 가지 비밀이 있다. 이 물음에 대한 데카르트의 답도 일종의 토톨러지이다. 즉, 답은 미리 주어져 있는 것이다. 우리의 정신 안에 부여된 명석 판명한 직감이 확실하다는 것, 이 데카르트의 방법 자체가 앞에서 제기한 의문에 대한 답이 된다. 데카르트는 '우리가 극히 명석 판명하게 이해하는 것은 모두 진리이다'라는 일반적인 규칙을 채택한다. 데카르트의 확신을 방법적으로 근거있게 만드는 것은 이와 같은 나의 정신에 있는 관념(데카르트는 그 존재의 방식을 객관적 또는 표상적이라고 불렀다)의 확실성에 대한 신뢰였다. 여기서 관념의 어원도 역시 이데아인데, 근대에 이르러 관념은 플라톤 시대만큼의 기본적 실재성은 상실했다고 생각될 정도가 되었지만, 데카르트의 관념에 대한 사고는 이제부터 보게 되는 것처럼, 명석 판명한 관념에는 객관적인 실재성에 가까운 확실함을 주는 것이었다. 다시 말하면 나의 정신이 순수하게 사유할 수 있다는 것이 존재(진실로 있는 것)의 근거였다.

데카르트가 사용한 객관적이라는 말의 용법은 오늘날의 용법—우리의 정신을 떠나서 독립적으로 존재하는 것, 또는 개개인의 주관에서 독립해 존재하는 것—과는 조금 다르다. 곧 데카르트가 사용하는 객관적이라는 말은 조금 복잡하다. 원래 객관적이라는 말은 눈앞에 생각이 떠오른다는 것을 의미했다. 눈앞에 생각이 떠오른 것이므로 관념이라고 말하면 관념이고, 생각하고 있는 나와는 달리 의식의 대상으로 될 수도 있다. 그리고 데카르트는 명석 판명하게 생각이 떠오르는 관념을 객관적인 것이라고 말하고 있다. 이 데카르트의 '객관적'이라는 말의 사용법은, 이후 주체와 객체, 주관과 객관의 대립이라는 형태로, 정신과 자연의 대립으로 변형해 가는 것이었다. 우리의 정신 안에 명석 판명하게 있는 것이 데카르트에게 있어 객관적인 것이었다.

철학사의 흐름에서 말한다면, 관념의 객관성을 존재하게 하는 데카르트의 방법은 근대에 부활한 플라톤주의다. 그런데 플라톤에 있어서는 태어나기 이전의 영혼의 기억 또는 상기라는 신비적인 방법으로 이데아가 우리의 정신을 찾는 것에 대해, 근대의 플라톤주의에서는 기하학적인 방법, 또는 우리의 정신에 처음부터 내재하는 능력을 통해 이 객관적인 관념을 얻을 수 있다고 한다.

그리고 이와 같은 객관적인 관념을 스스로 만들 수 있는 인간의 이성

▲ 데카르트가 암스테르담 시절에 살던 집

은 단순히 개인적인 것일 리가 없다. 그것은 우리들 한 사람 한 사람의 정신 속으로 들어간, 개인의 주관적인 판단과 사고를 초월하는 어떤 것이었다.

데카르트의 양식良識이라는 말은 이 점을 잘 설명하고 있다. 여기서 양식은 제6부 대륙 합리론과 영국 경험론에서 보게 될 영국 경험론이 생각한 상식과는 다른 것으로, 오히려 인간 이성의 객관적인 가능성을 가리키고 있다. 상식이란 우리가 살아가는 데 필요한 이해를 가리키지만, 데카르트가 말하는 양식이란 우리의 인식 능력에 관련된 것이다. 『방법서설』의 첫부분은 '양식은 이 세상에서 가장 공평하게 분배되어 있는 것이다'라는 문장으로 시작하고 있다. 양식이란 세속적인 상식을 의미하고 있지는 않다. 양식은 만인이 그것을 통해 진리에 도달할 수 있는 보편적인 이성이다.

이것이 데카르트에서 시작된 근대적 세계관의 특징이다. 예를 들면, 사람이 느끼는 것은 천차만별하다. 그런데 생각하는 것 특히 이성적으로 생각하는 것은 이제까지 서술해 온 데카르트의 엄밀하지만 단순한 방법을 따른다면, 만인에게 있어서 같은 것이다. 아니 같을 것이다. 즉,

인간은 같다는 근대의 이념이 여기에서 탄생한다. 계몽의 역사가 시작되는 것이다. 이 같은 사상을 데카르트는 '자연의 빛'이라는 말로도 표현하고 있다.

따라서 자연의 빛, 즉 신으로부터 우리에게 부여된 인식 능력이 취하는 대상은 그것이 자연의 빛에 의해서 취할 수 있는 한, 다시 말하면, 명석판명하게 지각되는 한, 모두 참된 것이 된다(『철학의 원리』).

다시 말하면, 우리의 이성에는 '자연의 빛'이 깃들어 있다. 근대의 명석함을 만들어 낸 빛이란 '자연의 빛', 즉 인간의 이성이다. 이와 같은 데카르트의 순수한 관념에 대한 신뢰는 그의 '신의 존재 증명' 방법에서도 볼 수 있다. 우리가 자신의 정신 가운데 완전한 것에 대한 관념을 갖고 있기 때문에 신이 실재한다고 설명한다.

(우리의 존재보다도 완전한 존재의 관념에 관해서는) 그런 관념을 무에서 이끌어 내는 것은 명백히 불가능할 뿐만 아니라, 나 자신으로부터도 이끌어 낼 수 없다. 왜냐하면 보다 완전한 것(신의 관념)은 보다 불완전한 것(나의 존재)의 결과이자 이것에 의존하는 것이다라고 하는 것은, 무에서 어떤 것이 생긴다고 하는 것만 못하며, 모순되기 때문이다. 따라서 그 관념은 나보다 완전하며 또 내가 생각할 수 있는 모든 완전성을 자신 안에 가진 존재자, 즉 한마디로 말하면, 신인 존재자에 의해 내 안에 놓여진 것임에 틀림없다(『방법서설』).

그런데 흥미로운 것은, 데카르트는 신학자가 아님에도 불구하고, 그의 신의 존재 증명이 우리의 정신에 대한 신뢰에 기초하고 있다는 사실이다. 우리에게 중세의 신학과 근대의 철학·과학은 전혀 별개의 것 같지만, 데카르트의 증명이 의미하는 바는 신의 완전성이라는 환상이 인간 이성의 완전성에 대한 환상으로 바뀐다. 다시 말하면, 이 두 가지의 완전한 것에 대한 사상은 통하고 있다는 사실이다. 데카르트는 우리의 판단 능력이 진리를 파악할 수 있는 이유를 판단 능력을 신으로부터 받은 것이기 때문이라고 설명하고 있다. 그런데 이 신 자체가 우리의 정신에 떠오른 관념에서 초래된 것이다.

그러므로 데카르트는 신神에 관해 기술할 때도, 실은 인간 이성의 완전성에 관해 기술하고 있는 것이다. 우리의 판단 능력은 신으로부터 받은 것이다. 신이 우리를 속일 리는 없기 때문에 우리는 이 판단 능력을 올바르게 쓰기만 하면 진리에 도달할 수 있다. 경건한, 어떤 의미로는 신비주의적인 신앙을 도외시한다면, 데카르트는 오히려 신을 이용해 인간 이성의 완전성을 증명했다고도 말할 수 있다.

이 과정은 우연한 것이 아니다. 우리가 이제까지 보아 왔듯이, 기독교에서의 신의 개념은 그리스 철학이 낳은 완전한 것, 무한한 것, 절대적인 것(절대자)의 개념을 이어받아 성립했다. 그리스인도 이 절대자를 신이라고 부르고 있었다. 근대는 신의 절대성 자체를 비판하지는 않았다. 신의 절대성을 인간 이성의 절대성으로 계승한 것이다. 그러므로 천지창조와 여러 가지 기적에 나타난 신의 힘은 근대가 등장했어도 사라지지는 않았다. 신의 힘은 인간의 힘, 근대의 과학 기술의 힘으로 연결된다. 소위, 신의 자리에 인간이 앉은 것이다.

그러므로, 근대란 인간의 시대다. 그리고 여기에서 말하는 인간이란 한 사람 한 사람의 너와 나이기보다는, 인류라고 부르는 편이 어울리는

▲ 베네딕트 수도원

인간이다. 만인은 공통 감각을 갖고 있다. 공통 감각은 양식과 같은 의미의 말이다. 오관(촉각, 미각, 후각, 청각, 시각)을 통일해서 종합하는 일종의 사회적 판단력을 가리킨다. 데카르트는 우리에게 공통 감각이 있기 때문에 인식을 할 수 있을 뿐만 아니라, 여러 가지 경우에 공통된 판단을 내릴 수 있다고 생각했다. 그리고 인간은 자연의 진리를 단순한 방식으로 자기 것으로 만든다. 이것은 현실적인 우리 자신의 모습이라기보다는 하나의 신화라고 부르는 것이 적합하다. 이렇게 해서 근대의 신화가 탄생했다.

감각과 신체

그런데 만약 진리로 통하는 문이 만인에게 열려 있다면, 왜 사람은 실수를 저지를 때가 있을까? 데카르트는 그 원인을 우리가 제멋대로 판단하는 것에서 찾는다.

예를 들어 눈앞에 컵이 있다고 하자. 컵을 보며 '이것은 누구누구의 컵'이라든가, '이 컵은 비싼 컵'이라고 판단하면 거기에는 오류가 끼어들 여지가 있다. 즉, 제멋대로 판단하면 오류가 생기는 것이다. 그런데 제멋대로 판단하는 것과 명석 판명하게 지각하는 것은 어떤 차이가 있을까?

물체 자체도 원래는 감각에 의해서 또는 상상하는 능력에 의해서 지각되는 것이 아니라, 단지 오성에 의해서만 지각된다는 것, 또 접촉 가능한 것 또는 볼 수 있는 것에 의해서가 아니라, 단지 (사유에 의해) 이해된다는 것이 이제 우리에게 알려지는 것이다(『성찰』).

데카르트에 따르면 이 구별은 간단한 것이다. 내가 멋대로 판단하는 이유는 오성에 따르지 않고 감각에 근거해서 생각하기 때문이다. 데카르트도 아리스토텔레스처럼 밀랍을 분석하고 있다. 그런데 이 밀랍을 감각에 따라 판단하면 실수하게 된다. 이 밀랍은 물체이므로, 오성적으로 이해해야 한다. 오성이란, 비교하고 논증하는 능력이며, 그 기원은 비율(로고스)을 측정하는 능력이다. 데카르트는 오성과 이성을 그다지 구별해서 사용하지 않았다. 그것은 데카르트가 이성의 움직임을 자연을 인식하기 위한 것으로 생각하고 있기 때문이었다. 이 오성과 이성의 사용 방법이 데카르트 철학과 칸트 철학의 큰 차이가 되고 있다.

나는 이 밀랍이나 컵을 니의 오관에 의해 판단하는 것이 아니라, 사물의 진실된 속성인 연장으로 판단해야만 한다. 즉, 나는 이 컵이나 밀랍을 앞에 두고 향기나 감촉이라는 우리에게 의미(감각)가 있는 것을 일단 없애고 순수한 양으로 보아야만 한다.

여기서 우리의 이야기는 최초의 연장에 대한 이야기로 되돌아가는데,

▲『성찰』 초판 표지 (라틴어 1641)

우리가 자연에서 연장이라는 틀로 그 의미를 제거해 평명한 것으로 만들었을 때, 사실은 우리 자신도 정신으로 순화되는 것이다. 평명한 자연에는 평명한 정신이 대응한다. 근대의 신화 속에서 정신은 우리가 일상적으로 경험하고 있는 마음의, 판단의, 의미의 세계에서 해방되어야만 한다.

마찬가지로, 양과 더불어 데카르트적인 정신의 명석함을 지탱하는 또 하나의 방법인 구별에 관해서도 말할 수 있다. 데카르트에 따르면, 순서

있게 철학을 하지 않는 사람이 정신의 본성을 지각할 수 없는 이유는, 정신과 신체를 충분하고 엄밀히 구별하려 하지 않았기 때문이다.

데카르트는 "그들은 그들 스스로 존재한다는 것을 다른 어떤 것보다도 더 확실한 것으로 생각하고 있었음에도 불구하고, 자기 자신이 여기에서는 단지 정신을 말하는 것에 불과한 것임을 알아차리지 못했다. 오히려 반대로 눈으로 보고, 손으로 쓰다듬고, 그리고 잘못 감각하는 그들 자신의 신체만이 그들 자신이라고 이해했을 뿐이다(『성찰』)"라고 스콜라 철학자를 신랄하게 비판한다.

그런데 이 비판은 우리에게도 해당될 것이다. 우리는 마음을 종종 자기 자신이라고 생각하기 쉬우나 마음은 때로 모호한 것, 불투명한 것, 신체에 좌우되는 것이다. 그러나,

▲ 라틴어로 된 자연론의 『철학의 원리』에는 철학, 수학을 비롯한 철학의 원리, 과학적 방법 등에 대해 언급했다.

명석 판명하게 지각하는 정신이란 예를 들면, 수학 문제를 풀고 있을 때와 같은 순수한 사고를 가리킨다. 데카르트는 사람이 선입견에 차 있는 이유를 다음과 같이 썼다.

어릴 때는 정신이 신체 안에 있기 때문에 많은 것을 냉석하게 지각하지만, 무엇 하나 판명하게는 지각하지 못한다. 그럼에도 불구하고 많은 것에 관해 판단을 내리기 때문에 우리는 선입견을 많이 받아들여 나이가 들어서도 많은 선입견으로부터 벗어날 수 없는 것이다(『철학의 원리』).

우스운 이야기를 하자면, 인간은 단지 명석 판명하게 지각하기 위해서라면 컴퓨터로 태어나는 편이 좋았을지도 모른다. 적어도 컴퓨터는 신체 안에 있는 선입견을 갖지 않기 때문이다. 그런데 중요한 것은 여기에서도 신체로부터 될 수 있는 대로 떨어진다는 플라톤주의를 우리는 볼 수 있다는 것이다. 과학과 신비주의는 피타고라스–플라톤–데카르트의 사상의 계열을 축으로 해서 의외로 관련이 깊다.

그런데 플라톤과 데카르트 사이에는 그냥 지나쳐서는 안 되는 큰 차이가 있다. 그것은 플라톤에게는 동경의 대상이었던 이데아 세계의 진리를 데카르트는 유한한 것으로 자각하면서 인간의 사고 행위 속으로 옮겼다는 것이다. 즉, 최초에 천계의 음계라는 코스모스의 질서에서 시작된 사상의 흐름은 현실적인 세계에서 퇴조하기를 멈추고 인간의 정신을 경유하여 이 세계로 되돌아온다. 이렇게 해서 데카르트는 그의 철학 안에서 겸허한 모습으로, 능동적인 근대의 실천 원리의 성립을 선언했다.

그런데, 투명한 자연과 마주했던 사유하는 정신은 여기에서 큰 수수

깨끼를 발견하게 되었다. 그것은 인간의 신체와 마음, 다시 말하면 자기 자신의 존재였던 것이다.

4. 기계장치인 신체와 마음

동물 정기와 송과선

시계란 여러 가지 의미에서 근대를 시사하는 상징물이다. 예를 들면 이 부의 첫부분에서 기술했듯이 연장에 의해 '균질적인 공간'이라는 사상이 탄생하는 것과, 시계의 리듬으로 상징되는 '균질적인 시간'의 사상이 탄생하는 것은 서로 일치하는 사건이다. 또 중세에 어두운 수도원 회랑에서 수도승들이 시계의 리듬에 따라(처음으로 시계를 실용적으로 쓴 곳은 수도원이었다고 한다.) 금욕적인 일과를 되풀이하는 중에, 근대 노동의 리듬이 싹트고 있었던 것이다.

데카르트가 살았던 시대의 사람들이 기계라는 말에서 연상했던 것은 근대적인 기계가 아니라, 수동으로 움직이는 시계였다. 역학적, 즉 기계론적 세계관이란 자연이 역학의 법칙(당시의 과학은 역학이었다)에 따라,

▲ 감각작용과 H근육의 연결 송과선 H는 동물 정기에 의해서도, 또 정신에 의해서도 움직여 간다.

소위 시계와 같은 기계 장치로 움직이는 세계관이었다. 데카르트의 투명한 사상에서는 우리의 신체도 자연의 일부로서 이와 같은 기계 장치로서의 신체이어야만 했다.

그런데 누구나 경험하는 것처럼 우리의 마음은 신체와 깊이 관련되어 있다. 부끄러움을 느끼면 얼굴이 빨개지고, 위가 안 좋으면 기분이 우울하게 되며, 술에 취하면…… 사람에 따라 여러 가지다. 즉 정신과 신체를 완전히 다른 것으로 여김으로써 둘 사이에 모호한 영역이 생긴다. 그리고 데카르트는 이 모호한 것을 정념이라 불렀다.

그리고 또 나는 이렇게 생각한다. 마음이 결합되어 있는 신체만큼 직접적으로 우리의 마음에 작용하는 것이 존재한다고는 인정할 수 없다. 따라서 마음에서 수동(정념)[6]인 것은 신체에서는 일반적으로 능동이라고 생각해야만 한다. 그러므로 정념이 무엇인지 알기 위해서는 몸과 마음을 따로 검토해야 한다. 그것은 우리 안에 있는 하나하나의 기능을 양자의 어느 쪽에 귀속시켜야 할지 알기 위해서이다(『정념론』).

원래 순수해야 할 우리의 마음이 여러 가지 모호한 것으로 채워지는 까닭은, 정념이 정신에서 생기는 것이 아니라 신체의 움직임(능동)에 따라 우리의 마음에 생기는 것이기 때문이다. 결국, 우리에게 모호함을 불러일으키는 것은 신체이다. 데카르트는 그러므로 이 모호함을 명석한

---

2. **수동**受動(정념)
오늘날의 영어에서 passion은 정열과 기독교의 수난이라는 2가지 의미가 있다. 왜 수난이 정열로 되었을까? 그것은 정념의 어원이 수동이기 때문이다. 수동은 능동과 반대의 의미를 갖는 아리스토텔레스의 범주의 하나이기도 하다. 즉 우리 마음에 생기는 정열은 원래 수동으로, 우리 마음의 밖에 무엇인가 있어서 그 대상에 마음이 흔들리는 데에서 생긴다는 것이다.
유럽 철학사에 뿌리깊은, 감성은 즉 수동이라는 사고 방식을 끌어들인 사람은 제 9부에서 기술할 포이어바흐와 마르크스였다. 데카르트는 정념이 신체의 움직임에 의해 마음 속에 생긴다고 했다. 즉, 우리의 본질을 정신이라고 생각할 때 그것은 수동적인 것이므로 정념(수동)인 것이다.

빛 아래 두려면 마음과 신체를 확실히 구분하여 우리 안에 있는 하나하나의 기능을 정신에 속하는 것과 신체에 속하는 것으로 나눠야 한다고 생각했다. 이것은 부분으로 나누어 생각한다는 데카르트적 방법의 승리이기도 하고, 패배이기도 하다.

이 분리는 현재 우리가 생각하는 것 이상으로 큰 의미를 갖는다. 예를 들면, 전통적인 영혼의 사상에 관해 데카르트는 이의를 제기한다. 데카르트 이전에는 신체가 열을 내거나 움직이는 것은 영혼이 우리의 신체 안에 존재하기 때문이라고 생각되었다. 고대 철학이 먼저 도달했던 영혼의 정의는, 신체를 움직이는 것—아낙시메네스의 공기와, 헤라클레이토스의 불—이었다.

그런데 데카르트에 따르면 열과 운동은 다른 자연에도 발견되는, 물체에 속하는 것으로 정신(데카르트에게 영혼은 곧 정신이다)의 특징이 아니다. 따라서 열과 운동은 신체에 속한다. 이 데카르트적인 구별에 따르면, 고대인들이 생각했던 것처럼 영혼이 사라진다고 해서 우리의 신체에서 열과 운동이 상실되지는 않는다. 왜냐하면 열과 운동이 신체에 속한다는 원리에서 본다면, 열과 운동이 상실되는 것은 신체 안에서 그렇게 하게 하는 이유가 있을 것이기 때문이다. 그러므로 거꾸로, 열과 운동이 상실되기(신체적으로 죽기) 때문에 영혼이 우리의 신체를 떠나는 것이 진리이다.

이 아무렇지도 않은 듯한 원인과 결과의 교체에 따라 우리의 신체는 처음으로 자연학적 고찰 대상이 되었다. 그리고 근대 과학과 철학은 신체를 기계 장치인 신체로서 그 메커니즘을 연구하는 한편 정신과 신체라는 전혀 별개의 원리를 가진 것이 어떻게 관계하고 있는지를(소위 심신 관계) 고찰하게 되었다. 그 역사는 데카르트에서 시작된다.

그러면 데카르트는 신체와 마음(정신)이라는 2가지 원리를 결합해, 우리의 마음과 신체 사이에서 생기는 현상 특히 정념을 어떻게 설명하려고 했을까? 앞에서 기술했듯이 신체가 움직임에 따라 마음에는 정념이 생긴다. 반대로 마음은 의지에 따라 신체를 움직일 수 있다.

그것을 위해 데카르트가 생각해 낸 물리적인 기구는 송과선과 동물 정기였다. 송과선은 간뇌의 시상 상부에 있는 작은 기관으로 성장 억제 호르몬을 만든다. 데카르트 시대에는 신체에 대한 과학적 지식을 주로 해부를 통해 얻었는데, 호르몬을 포함한 생화학 작용은 전혀 알려져 있지 않았다. 송과선은 그 존재가 확인되었을 뿐, 기능은 완전히 수수께끼였다. 그래서 데카르트는 송과선이 정신이 머무는 장소인 뇌와 신체를 연결하는 기관이라는 가설을 세웠다.

동물 정기도 이것도 데카르트가 세운 가설적인 존재이다. 그러나 오늘날 생각해 보면 신경이나 혈액, 기억의 움직임을 당시의 지식으로 최대한 설명하려 한 가설이었다.

데카르트는 동물 정기를 혈액에서 증발한 기체로, "아주 미세한 바람, 또는 아주 순수하고 활기 있는 불꽃 같은 것으로서, 끊임없이 풍부하게 심장에서 뇌수로 올라가고 거기에서 신경을 통해 근육으로 가 모든 육체에 운동을 부여하는 것이다(『방법서설』)"라고 설명한다. 동물 정기는 왠지 데모크리토스의 영혼의 원자를 상기시킨다.

그런데 시대는 드디어 하비Harvey에 의해 혈액 순환설이 주장되기 시작하는 시대가 되었다. 그런 시대에 데카르트는 당시의 유일한 과학이었던 역학에 의해 여러 가지 신체 현상을 설명해야 했다. 그래서 데카르트가 생각해 낸 가상 물체가 동물 정기였다. 동물 정기는 신체에 속하는 것이므로 역학의 법칙에 따라 운동한다. 동물 정기는 소위, 신체라는 기계 장치를 움직이는 만능의 물체이다.

우선, 신경의 전달 작용은 동물 정기가 신경 속을 운동하는 것으로 설명된다. 미량의 정기가 신경을 통해 근육에 열려 있는 작은 입구를 열고 닫는다. 그렇게 되면 근육 안의 다량의 정기가 급격히 운동하므로 근육은 이완과 수축을 한다. 이것은 일종의 제어 이론이다. 누가 갑자기 눈앞으로 주먹을 불쑥 내밀면, 이 손의 운동이 눈에 주는 인상은 신경선을 당겨 뇌에 정기를 일으킨다. 그리고 이 정기가 인체의 구조에 따라 눈을 움직이는 근육에 이른다. 그래서 우리는 반사적으로 눈을 감는다.

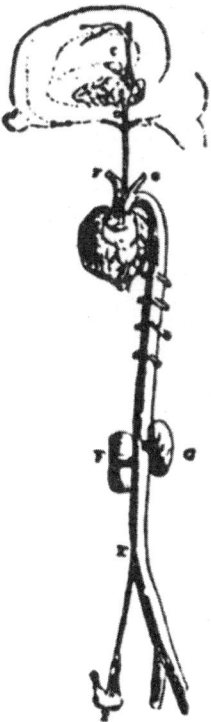

▶ 심장에서 뇌로 가는 동물 정기
 (『방법서설』에서)

▲ 영국 왕실의 시의학자였던 윌리엄 하비는 피가 간에서 만들어져서 각 부분에 공급한다는 이전의 설을 뒤엎고 처음으로 피가 심장을 중심으로 순환한다는 개념을 정립한 생리학자였다.

기억은 뇌 안의 정기의 운동이 뇌에 흔적을 남기기 때문에 생기고, 상기는 정기의 자발적인 운동이 이 흔적과 만나 흐르기 때문에 생긴다. 술을 마시면 술의 증기가 혈액 안으로 들어와, 심장에서 뇌로 올라가 활발한 동물 정기가 되어 사람의 온몸을 종종 이상한 방식으로 운동시킨다. 이처럼 동물 정기는 우리가 생각지도 않은 신체의 운동도 일으킨다. 또 잠을 잘 때 활발해지는 동물 정기는 우연히 뇌 안에서 여러 가지 인상의 흔적과 만나서 어떤 특정한 숨구멍에서 흘러나온다. 그래서 우리는 꿈을 꾼다.

데카르트의 이러한 동물 정기설은 나중에 알려진 여러 가지 생화학적인 현상을 모은 것으로 실재하는 것은 아니었다. 그런데 우리는 데카르트의 설명에서 파블로프의 조건 반사설과 연상 이론의 기초를 사고의 형태로 발견할 수 있다. 파블로프, 이반 페트로비치 Pavlov, Ivan Petrovich(1849~1936)는 소련의 생리학자로 조건 반사설을 주장했는데, 먹을 것을 주면서 종을 울리면, 개는 종소리를 듣기만 해도 침을 흘리게 된다. 곧 조건반사를 한다는 것이다. 그렇지만 파블로프의 생각은 어떤 부분에서는 맞지만, 인간 마음의 움직임을 전부 조건 반사로 정리해 버렸다는 데 문제가 있었다. 어찌 되었든 당시의 지식 수준을 고려하면 이러한 기초를 다졌다는 점은 놀랄만한 성과다. 데카르트의 합리적인 방법의 위력은 그와 같은 것이었다. 데카르트는 신체에서 여러 가지 의미와 신화를 제거함으로써 이 명석함을 손에 넣었다.

동물 정기가 이와 같이 신체의 자율적인 운동을 일으키는 것에 대해, 마음과 동물 정기 사이의 운동을 중계하는 것은 송과선이다. 마음은 송과선이라는 증폭기를 사용해 송과선 주위의 동물 정기를 움직이게 하여, 근육 운동으로 만든다. 우리가 연습을 통해 신체를 능숙하게 움직

▲ 소련의 생리학자 파블로프, 이반 페트로비치

이게 되는 것은 동물 정기가 같은 길을 몇 번이고 움직이기 때문이다. 반대로 동물 정기 운동은 송과선을 움직여 우리 마음에 여러 가지 지각과 정념을 낳는다.

그리고 우리가 종종 경험하는 마음의 고민, 예를 들면 감정과 이성의 상극 의지와 자연적 욕망의 '싸움'은, 우리의 정신이 모순되어 있기 때문은 아니다(정신은 순수한 것이기 때문이다). 그것은 정신에 속한 의지와 신체에 속한 동물 정기가 동시에 송과선을 움직이려 한 결과이다. 이렇게 해서, 데카르트는 우리의 분열된 마음을 하나되게 하였다. 이는 한 가지로 설명했다는 것이다. 원래 데카르트는 인간을 신체와 정신으로 나누어 이 설명을 했으므로, 한 가지로 된 것은 데카르트의 설명 중에서만 이루어진 것이다.

…이라는 것은 우리 안에서는 단 하나의 마음밖에 없으며, 또 이 마음에는 결코 다른 부문이 있을 리가 없다. 마음으로 하여금 일반적으로 모순된 역할을 하게 하는 잘못은 마음의 기능과 신체의 기능을 충분히 구별하지 못한 데서만 발생한다. 우리의 내부에서 인정되는 반이성적인 것은 모두 신체로 돌아가야만 한다(『정념론』).

이렇게 해서 우리의 마음도 또한 평명한 것이 되었다. 마음을 혼란하게 하는 것은 동물 정기의 운동을 통해 생기는 정념이므로, 사람은 정념을 제어하는 기술을 배워야 한다. 근대적 세계관에 의해, 자연을 평명한 것으로 하는 것은 필연적으로 인간의 정신을 평명한 것으로 하는 것이었다.

6가지 정념

따라서, 정념이란 동물 정기에 의한 송과선의 운동을 직접적인 원인으로 하여 우리의 마음 안에 생기는 것이다. 그런데 이 정념은 우리에게 어떤 의미를 갖고 있을까?

   데카르트가 기본적인 정념으로 내세운 것은 놀람, 사랑, 증오, 욕망, 기쁨, 슬픔의 6가지이다. 놀람은 뇌가 보통 때는 접촉되지 않는 부분에 정기가 접촉되어 일어나는 인상이다. 이 인상의 힘이 정기를 접촉된 뇌의 한 부분으로 집중시킨다. 사람이 종종 놀란 나머지 멍하게 되는 것은 정기가 뇌의 어떤 부분에 지나치게 모여 근육 쪽으로 이동하지 않기 때문이다.

   데카르트의 6가지 정념의 관계는 다음과 같다.

   우선, 놀람은 최초의 정념이라고 데카르트는 말한다. 놀람은 우리 몰래 동물 정기를 정기가 이제까지 접촉한 적이 없는 부분으로 운반한다. 사랑도 증오도 정기의 운동에 의해 일어나는 감동인데, 사랑과 증오는 우리가 대상과 결합하고 싶다고 생각하든지, 분리되고 싶다고 생각하는 것에 따라 구별된다. 욕망이란 정기에 의해 일어나는 동요로, 우리를 미래로 향하게 한다. 그러므로 욕망이 선한 것을 보존하고 싶다는 동요를 불러일으키면 그것은 애호이고, 나쁜 것을 없애고 싶다고 생각하는 동요를 불러일으키면 그것은 혐오라고 한다. 그리고 사랑은 증오라는 반대의 정념이 있지만 놀람과 욕망은 반대의 정념이 없다. 기쁨은 정신의 기분좋은 감동이고, 슬픔은 활동이 없는 상태다. 즉, 기쁨의 반대 정념은 슬픔이다. 이 모든 정념은 각각 정기의 활동을 동반하고 있다.

   여기서 우리는 이제는 낡아 버린 고전적인 신체 이론을 보고 있는 것이 아니라, 빈약한 지식 속에서 합리적인 방법이 어떤 이론을 가져 오는지의 예를 보고 있는 것이다. 데카르트의 정념설은 어떤 부분에서는 그가 이용한 동물 정기라는 설명 개념 때문에 황당무계한 것 같지만, 그의 깊은 경험을 정교하게 아로새긴 비유라고도 말할 수 있다.

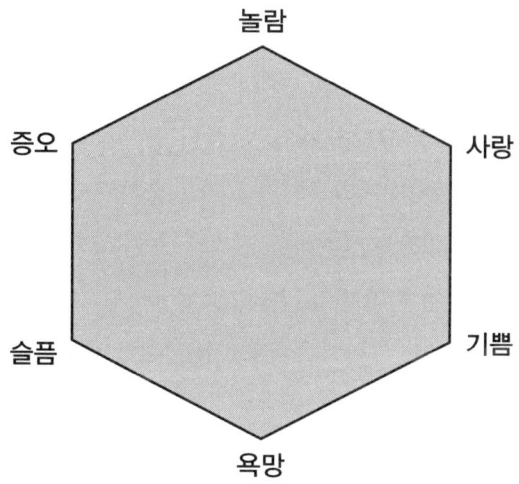

 마음과 신체는 엄밀하게는 명석하게 또는 원리적으로 구별되어 있다. 이 구실에서 우리 마음의 여러 가지 복잡함이 설명된다. 예를 들면, 데카르트는 정념으로서의 사랑과 선한 것과 결합하고 싶다는 판단을 구별한다. 전자는 동물 정기의 운동에서 유래하며 자신에 어울리는 상대와 결합하려 하는, 또는 일체가 되고 싶다고 생각하는 정서이다. 후자는 우리의 사유을 통해 생기는 정서이다. 이 양자의 결합으로 우리 마음에 어두운 그림자가 생긴다.
 그런데 우리 안에는 왜 이와 같은 정념이 존재하는 것일까? 플라톤에 따르면 신체는 오히려 영혼을 지상에 붙들어 매는 쇠사슬이다. 철학이 죽음의 연습이라는 플라톤의 사고는 지상에 대한 깊은 절망을 표현하고 있다. 그런데 데카르트는 우리가 정념을 갖고 있는 것을 하나의 현

실이라고 생각한다. 그것은 신이 우리에게 부여한 것으로, '모든 정념의 효용은 유용하다고 자연이 우리에게 가르친 사항에 의욕을 품고, 또 그 의욕을 굳게 갖도록 마음을 쓰는 단지 그것에 의존해 있는' 것이다. 이 현실주의가 고대 플라톤주의와 근대 플라톤주의를 구실한다.

데카르트의 사상은 정신을 자연으로부터 철저하게 분리하여 순수한 것으로 하려 한 점에서 플라톤의 사상과 비슷하다. 또 신의 피조물인 자연을 유용한 것이라고 생각하는 점에서 자연에 대해 열린 사상이었다. 그러므로 우리는 이미 데카르트 사상 안에서 순화된 정신이 자연을 능동적으로 변화시켜 간다는, 근대에서 볼 수 있는 인간과 자연의 특수한 관계 방식의 맹아를 발견할 수 있는 것이다.

마음에는 마음만의 쾌락이 있다. 그러나 신체가 같이 하는 쾌락이야말로 정념이 전적으로 좌우하는 것이다. 따라서 정념에 가장 민감하게 움직이는 사람은 무한한 기쁨을 이 세상에서 맛볼 수 있다. 정념을 활용할 줄 모르거나 운이 나쁠 경우 그 사람은 인생에서 무한한 괴로움을 겪을 수도 있을 것이다. 그러나, 지혜가 특히 유용한 것은 그것이 정념을 완전히 지배하고, 정념을 교묘히 처리하는 것을 가르치는 점에 있다. 그 결과 실천을 함으로써 생기는 재난도 견디기 쉬운 것이 될 뿐만 아니라 모든 재난으로부터 오히려 기쁨을 발견할 수도 있다(『정념론』).

이렇게 해서, 우리는 정념이라는 낯선 것을 우리의 몸 속에 깃들게 만들었다. 이 『정념론』의 끝부분에서, 겸허한 철학자 데카르트의 근대에 대한 조심스럽지만 깊은 확신을 읽을 수 있을 것이다.